Ludivine CASILLI

Préface d'Audrey AKOUN

L'audace d'être libre

LE COURRIER DU LIVRE
27, rue des Grands-Augustins
75006 Paris

« Merci pour les roses, merci pour les épines. »

Jean d'Ormesson

« Un secret, ce n'est pas quelque chose qui ne se raconte pas. Mais c'est une chose qu'on se raconte à voix basse, et séparément. »

Marcel Pagnol

« Ce qui compte c'est se libérer soi-même, découvrir ses propres dimensions, refuser les entraves. »

Virginia Woolf

« La certitude rend con, le doute rend fou. »

Bernard (mon beau-père)

« On a beau expliquer tout ce qu'on veut expliquer, au bout d'un moment pour savoir faire du cheval, il faut faire du cheval. »

Kaamelot

« Pleurer sur soi, c'est bercer avec complaisance l'enfant qui continue à vivre à l'intérieur de chacun de nous, et qui n'intéresse personne. »

Coco Chanel

Sommaire

Partie 2
Je suis en vie… super, mais pour faire quoi ?

Partie 3
Par amour

Partie 4
Atypique, singulière et totalement soumise

Préface

J'ai rencontré Ludivine il y a plus de dix ans, quand je l'ai formée à la psychopédagogie positive et à l'hypnose thérapeutique.
Pendant la formation, j'ai vu son immense potentiel et je me suis dit : « Elle, elle va faire de grandes choses. » Le temps m'a donné raison.

Rapidement, nous sommes devenues amies. Cela fait des années que nous cheminons sur des routes qui se frôlent et parfois se croisent, au détour d'un nouveau projet.

En lisant ce livre, j'ai compris pourquoi nous avions eu ce coup de foudre amical. Il y a une reconnaissance mutuelle qui n'a pas besoin de mots lorsqu'on est sœurs de chaos et de lumière. Un peu comme une sororité d'alchimistes, capables de transformer « le caca de la vie » en crotte dorée à paillettes.

Comme tous les êtres humains à fort potentiel, Ludivine avait besoin d'une autorisation symbolique pour prendre son envol et pour réaliser ses rêves les plus fous.

Ça tombe bien ! La mission qui me prend les tripes est l'émancipation des femmes. Mon but est de révéler leur potentiel et de les aider à le réaliser pleinement.

Je suis honorée d'avoir été une des personnes à lui montrer sa puissance.

Et, de la puissance, elle en a sous le champignon (expression qui n'existe pas).

À travers les pages, Ludivine se livre sans fard, partageant avec nous son parcours semé de traumas et de victoires.

C'est l'histoire d'une quête universelle, celle de la liberté dans sa forme la plus pure. À travers les pages de ce livre, Ludivine se dévoile avec une sincérité et une vulnérabilité qui frappent en plein cœur, nous invitant à réfléchir sur notre propre parcours vers l'autonomie et l'authenticité.

Notre complicité, tissée au fil d'apéros partagés, de matcha lattés pour moi et de cafés pour elle, de discussions profondes et d'échanges de visions du monde, m'a donné une perspective privilégiée sur l'évolution de Ludivine. J'ai été témoin de certaines de ses luttes, de ses doutes, mais aussi et surtout de sa formidable capacité à se réinventer et à surmonter les obstacles. C'est cette résilience, cette force intérieure qui alimente chaque page de *L'Audace d'être libre*.

Ce livre transcende le simple récit de guérison ou de séparation pour devenir une véritable ode à la liberté. Il explore la capacité extraordinaire de l'être humain à se réinventer face aux adversités, à sortir d'une emprise, d'un carcan sociétal ou d'un corset.

C'est une invitation à dire oui à la vie, avec toutes ses incertitudes et ses beautés. Ludivine nous montre que l'audace véritable réside dans les choix quotidiens que nous faisons pour rester fidèles à nous-mêmes, pour défendre nos rêves et nos valeurs, même si cela nous demande parfois d'être douzième dan en nage à contre-courant.

Ce livre est une inspiration pour quiconque se sent prisonnier de sa condition, qu'elle soit physique, émotionnelle ou sociale. L'auteure nous montre qu'il est possible de franchir des barrières qui semblent infranchissables, non pas en les niant, mais en les affrontant avec courage.

En partageant son expérience, Ludivine ne prétend pas détenir toutes les réponses, mais elle offre des clés, des moments de réflexion qui peuvent éclairer notre propre chemin vers la liberté. *L'Audace d'être libre* est donc bien plus qu'un simple récit de vie ; c'est un compagnon de route pour tous ceux qui cherchent à s'émanciper des chaînes, visibles ou invisibles, qui entravent leur épanouissement.

Dans un monde où l'authenticité est souvent reléguée au second plan, *L'Audace d'être libre* est un livre essentiel.

Ludivine, par son exemple, nous montre que l'audace est une force vitale, accessible à tous. Elle nous invite à embrasser notre liberté, avec courage et détermination, pour vivre pleinement notre vie, au-delà des limites que nous nous imposons ou que nous nous laissons imposer.

Audrey Akoun

Introduction

C'est étrange de poser des mots sans trop savoir ce qu'ils vont devenir. Étrange de mettre sur un papier virtuel le récit de quelques années somme toute assez banales.

Je me pose souvent la question de qui j'aurais été si je n'avais pas eu cette vie-là, de cette façon-là, avec ces souffrances-là. Qui aurais-je été si je n'avais pas accepté ça et ça, si je m'étais positionnée avant, si j'avais dit non plus tôt, quelle femme serais-je aujourd'hui ?

J'ai beau élaborer des centaines de théories, je n'aurai jamais aucune réponse. Il me plaît parfois de croire que dans ma prochaine vie, je pourrai être autrement, rejouer le film, rembobiner, pour être dès le départ celle que je suis aujourd'hui, ou peut-être mieux encore… jamais contente ? J'aime à penser que je ne ferai plus jamais la même erreur, théorie bien prétentieuse si on y regarde de plus près. On a besoin de faire la même erreur, une fois, dix fois, cent fois même, avant de comprendre. Comprendre qu'on est seul capable de changer le postulat, seul capable d'arrêter une machine qui s'enraye pour modifier totalement son comportement, ou presque, et en faire quelque chose de plus beau, plus constructif que destructeur, plus joyeux que déceptif.

Est-ce la liste de ces erreurs que j'ai envie de poser là ? Pour que le recul nécessaire me permette d'énumérer toutes celles que je ne fais plus… enfin ?

Pour l'instant, je n'ai pas trop de réponses au pourquoi, mais je ne forcerai pas. Pourquoi ici, pourquoi comme ça, pourquoi de cette façon-là, pourquoi ces mots ? Où est la limite entre le récit personnel qui peut être aidant pour l'autre et l'impudeur ? Est-ce que, au nom de l'aide, brandie comme un drapeau de sauveuse, je ne pose pas égoïstement les choses, pour ne plus avoir à les porter, pour donner la place à mon ego, pour leur donner la valeur qu'elles méritent, la reconnaissance ?

Souvent, j'ai peur du « Regardez comme j'ai souffert », j'ai peur de ce manque d'humilité, j'ai peur de donner trop à voir et je n'arrive pas à évaluer la limite. J'ai peur que même me relire fasse de ce texte quelque chose de trop égotique, trop penché sur mon petit nombril.

C'est peut-être cette dualité interne qui me limite, mais le besoin est là, plus présent que jamais.

Il restera peut-être un journal intime, posé entre deux livres sur une étagère, destiné à la postérité puisque, après moi, c'est le grand vide.

Mais la vérité, c'est que je rêve de le voir entre vos mains. Je rêve que ces souffrances servent aux mères, aux femmes, à celles en devenir. Je rêve de vous voir gagner du temps, posséder les outils, les mots, la compréhension qui m'ont fait défaut si souvent et pendant si longtemps. J'ai besoin de dire ce que je n'ai jamais dit, par honte, alors qu'il n'y a aucune raison d'avoir honte, alors que je n'ai rien à me reprocher, pour que vous compreniez que rien ne vient de nulle part. Pour que, peut-être, vous vous disiez que vous aussi et que jamais, au grand jamais, vous ne vous en vouliez.

J'ai besoin de poser sur le papier mon histoire, une main tendue pour vous aider à écrire la vôtre.

Je rêve encore et encore parce que c'est comme ça que j'ai bâti ma vie.

J'assume, tout ! Ce que j'ai fait, mais que je n'aurais pas dû faire, mes mauvais choix, mes décisions miteuses, mes avancées chaotiques, tout, sans exception. J'ai arrêté de culpabiliser sur mes dérives parfois discutables, parce qu'elles font partie de moi, parce qu'elles aussi m'ont appris de mon histoire, parce que même certaines ont été le chemin vers de belles rencontres.

J'ai pardonné… à (presque) tout le monde, je suis passée au-delà, j'ai présenté des excuses et je pense que je pourrais en présenter d'autres encore. Je n'ai pas donné assez de temps à des gens qui me sont chers.

J'ai appris que l'autoflagellation ne sert à rien, mais que la remise en question est indispensable, alors j'essaie au quotidien de tenir le rythme, parfois simple, parfois impossible. J'ai appris que chacun fait comme il peut même si parfois j'ai encore du mal à l'accepter.

J'ai des théories sublimes et des paradoxes qui le sont tout autant, j'en ai parfaitement conscience et le but n'est ni de donner des leçons ni de tendre vers la perfection. Je ne cherche pas à être irréprochable, j'essaie juste de correspondre à quelques-uns de mes idéaux, parfois ça fonctionne bien et parfois je me plante carrément. Pour le coup, je n'aurai pas la prétention de vous donner une recette en vous promettant que moi, j'ai réussi. Je n'ai rien réussi, je suis sur un chemin comme vous, comme nous tous et de toute façon je reste persuadée, peut-être à tort, qu'il n'y a rien à réussir.

Il y a des choses à tenter, une vie à inventer et à réinventer pour qu'au fur et à mesure elle ressemble, le plus possible, à ce qui nous fait vibrer.

C'est pour en arriver là que j'ai testé tout ça, un petit Mario, hors jeu vidéo, les trous, les embûches, les gravillons dans la ou les chaussures, tout ça, je sais. Et aujourd'hui, je sais aussi que cette vie-là méritait bien tout ça, que cette vie-là mérite bien ces quelques larmes et maux de ventre.

Je ne changerais rien, pas une seule seconde, s'il me fallait recommencer, parce que ce que j'ai acquis et construit aujourd'hui était aussi à ce prix-là.

C'est pour de vrai, tout ça ?

Je ne sais pas. Pour moi, là maintenant, c'est pour de vrai. Ce sont mes souvenirs, imparfaits, un peu faux, un peu modifiés par ma mémoire et le temps, mais ce sont mes souvenirs, tels qu'ils arrivent, tels qu'ils se sont inscrits… Je ne sais pas si c'est pour de vrai… à quelques exceptions près, je ne sais pas. Pour moi, c'est pour de vrai.

Des bouts de moi[1]

Il m'a fallu beaucoup d'années pour apprendre à me connaître, pour égrener sans honte mes équilibres et mes étrangetés quotidiennes parce que ces étrangetés, c'est aussi moi. Je vous les livre ici, un brin de mon intimité. Si vous faisiez de même ? Qu'est-ce qui vous touche ? Comment avez-vous envie de vous décrire ? Prêtez-vous, à votre tour, au jeu des présentations…

Mes journées sont (presque) une succession de rituels qui me permettent de ne pas laisser le bordel de mon cerveau prendre le dessus.

Je me lave les dents avant de boire mon café et ma tasse de café me suit toute la journée.

J'ai une peur bleue des sports extrêmes, des manèges à sensation et des automates.

Pour pouvoir laisser libre cours à mon imagination, j'organise un maximum de choses.

Les soirées où je ne connais personne me font extrêmement peur.

Parler devant cent personnes m'impressionne beaucoup, mais moins que parler à cinq personnes que je ne connais pas.

Je peux réfléchir cent ans pour dépenser 20 euros et claquer 500 euros en quelques secondes.

Choisir est une épopée fantastique. Au restaurant, dans une boutique, faire un choix me demande beaucoup de réflexion et une fois que j'ai pris la pizza au fromage, j'aurais préféré la salade au saumon, en fait…

J'aime l'odeur des Chocoletti au cinéma, des beignets gras à la plage, les odeurs qui se mélangent du sable, de l'eau iodée et du monoï qui brûle la peau.

Contempler est une de mes activités favorites. Les racines qui prennent forme dans les boutures de mes plantes m'émerveillent totalement et je peux les regarder pousser des heures durant.

J'adore les mots, la façon dont ils sonnent, chantent, s'expriment, j'adore lire à voix haute.

J'ai lu Pagnol mille fois, Nancy Huston tout autant, je pleure en effeuillant Brel, Barbara ou Brassens à qui je voue un amour fou.

Eureka Street fait partie des livres qui m'ont totalement bouleversée.

J'adore relire les livres que j'ai aimés et les offrir.

Je suis fan de la plume de Toni Morrison et de celle de Maya Angelou, Virginia Woolf me fascine, Delphine Horvilleur m'anime et Susie Morgenstern m'adoucit le cœur.

J'ai pleuré les quatre fois que j'ai lu *Mon chien Stupide* et cinquante-sept fois devant *Dirty Dancing*, et je pleure chaque fois que j'entends Chopin ou Rachmaninov.

Parfois, je me demande ce qui serait advenu si David Guetta avait épousé Virginia Woolf.

J'ai adoré Alexandre Jardin, mais plus maintenant.

J'adore toujours Molière, Sartre, Marivaux, Queneau, Feydeau, Goldman et Vincent Delerm !

Élie Kakou me fait toujours autant rire.

Je connais trop de paroles des chansons des années 1980.

Le psy qui a détecté mon haut potentiel ne m'a rien expliqué… juste que mon hypermnésie y était liée…

C'est aussi à cause de cette hypermnésie que je peux retenir comment sont habillés tous les gens où que j'aille, et la plaque d'immatriculation de mon premier petit copain.

Je compte les marches qui me conduisent chez moi chaque fois que je les monte (pour l'instant, le nombre est toujours le même).

Je parle seule, tout le temps, sans interruption.

J'ai un humour spécial, j'adore la dérision, l'autodérision et le second degré. (Je crois qu'on peut rire de tout si on a l'intelligence du cœur.)

J'ai dix mille idées à la seconde, je ne les lâche que rarement.

Je suis assez impatiente, sauf pour coudre, tricoter, crocheter.

Je dis oui sans réfléchir par peur de ne jamais bouger.

Je passe beaucoup de temps à tout remettre en question, moi y compris.

Je fais des calculs de rentabilité de toutes les boutiques que je croise…

J'aime Noël, j'adore les repas de famille (tous les repas de famille), j'aime les envolées quand on en fait trop.

Je préfère faire mon lit quand je me couche que dormir dans un lit défait.

Je dors avec un carnet et un stylo à côté de moi, je lis sur papier ET sur liseuse, j'ai un budget livre hallucinant.

J'ai peur de la nuit, de ne pas vivre assez, de ne pas y arriver, de ne pas contrôler et de contrôler, j'ai peur des soirées qui se terminent parce que je n'aime pas les fins, je profite de chaque instant par peur qu'il n'y en ait plus, j'ai toujours peur de ne pas assez profiter.

J'adore tout ce qui est beau.

Je ne dors pas dans un endroit moche.

Je ne supporte pas qu'on dise « je vais faire de l'essence ».

Encore moins « je vais faire l'Asie ».

J'aime l'Inde d'un amour sans limites.

J'ai voulu être détective privé, écrivain public, monter une librairie-salon de thé, une agence matrimoniale, j'ai voulu travailler dans les renseignements et être agent secret.

J'aime le rouge à lèvres et l'inélégance de sa trace sur un verre.

Je pleure à chaudes larmes autant que je ris très fort.

Je parle avec les mains.

J'ai une passion pour les boucles d'oreilles.

Même quand je travaille en visio, je suis parfumée et habillée.

Je suis misophone.

Je ressens tout très fort, on me l'a longtemps reproché.

J'aime la solitude douce que me procure l'écriture.

L'hypnose a été une révélation !

Aucune équipe de sport, de la maternelle au lycée, ne m'a choisie.

Je suis persuadée qu'on est sur Terre pour accomplir quelque chose de grand et que je passerai ma prochaine vie à me reposer en lisant au bord de la plage puis en accomplissant autre chose.

Comme beaucoup d'atypiques, je passe trop de temps à résoudre des problèmes qui n'existent pas.

Savoir ce que devient Nana Mouskouri ou comment farcir des haricots verts me prend beaucoup de temps… j'ai besoin de réponses, de comprendre, tout, tout le temps.

J'avale littéralement les biographies sur les *serial killers*, toujours ce besoin de comprendre : pourquoi ? Qu'est-ce qui pousse quelqu'un à faire ça ?

Mon souci du détail peut tourner au ridicule, mais je ne peux pas en faire l'économie.

Ma mère m'a toujours chanté « Une chanson douce » et j'aurais aimé en parler parce que c'est un très bon souvenir avec elle, mais depuis le (sublime et terrible) livre de Leïla Slimani, je n'arrive même plus à prononcer ce titre.

J'aime les gens, j'adore les écouter, les regarder, autant que m'enfermer des jours sans voir personne.

Je suis incapable de travailler dans un bar, en revanche je peux rapporter dans les moindres détails toutes les conversations.

D'ailleurs je raconte tout dans le moindre détail… Je passe du coq à l'âne, une idée en appelle une autre.

Mes valeurs sont très fortes, l'injustice me bouleverse, la déloyauté me rend malade.

Aujourd'hui, je connais aussi mes limites et mes besoins, les respecter me permet d'être pleinement heureuse.

Pendant des semaines, je vais manger le même yaourt, écouter la même chanson en boucle, boire la même boisson, puis un jour, sans crier gare, je ne veux plus en entendre parler.

Je suis dans mon *flow* quand je danse, quand j'accompagne, quand j'écris et quand je travaille.

De toutes petites choses peuvent me dévaster ; mes émotions me submergent parfois, mais j'ai appris avec le temps que les accueillir et les regarder est beaucoup moins violent que toute autre option.

J'ai retrouvé la joie de vivre en acceptant ça et en m'acceptant telle que je suis.

Pourquoi sommes-nous là ? Qui serions-nous si nous avions fait d'autres choix ? sont mes questions quotidiennes.

Je suis bien plus heureuse depuis que j'essaie d'arrêter de vouloir tout contrôler.

PARTIE 1

Serons-nous encore et toujours des enfants ?

Où sont rangés nos rêves d'enfants ? Ceux qui se construisent patiemment, consciencieusement, année après année, ceux qui s'ajoutent les uns aux autres. Combien se sont réalisés, une fois que nous sommes devenus adultes ? Combien ont disparu, abandonnés par la peur de ne pas réussir, par les phrases assassines qui nous promettent que ça ne sert à rien, que nous n'y arriverons pas, dégommés par nos propres croyances, par nos propres limites ? C'est l'esprit tourbillonnant de ces questions que j'arrive, la démarche un peu tremblante, devant mon lieu de rendez-vous. Tout à la fois fébrile, heureuse et stressée, je pose la main sur la poignée de la porte de la maison d'édition, et puis je l'aperçois. Par terre, sortie de nulle part, posée sur le trottoir, une petite fleur. Je ne sais absolument pas comment elle est arrivée là, mais, immédiatement, me reviennent en tête les paroles de la chanson de Sidney Bechet.

> J'ai caché
> Mieux que partout ailleurs
> Au jardin de mon cœur
> Une petite fleur

Cette fleur
Plus jolie qu'un bouquet
Elle garde en secret
Tous mes rêves d'enfants
...

Ils sont donc rangés là, au jardin de mon cœur.

Alors, l'espace de quelques minutes, je remonte le temps. Je pense à la petite fille que j'étais. Je me revois, assise à la table de la cuisine de ma grand-mère. Trop petite pour que mes pieds touchent le sol, j'écris consciencieusement, l'encyclopédie *Universalis* sur les genoux, un roman policier qui se déroule rue de Rivoli alors que je suis au fin fond de la Camargue et que je ne connais pas Paris. L'encyclopédie *Universalis*, grand-mère d'Internet, me dévoile les arcanes de cette ville qui se dessine dans mes écrits. Je rêve d'écrire un livre, c'est l'un des premiers rêves d'enfant dont je me souvienne (ce livre m'a été volé dans le coffre d'une voiture... peut-être quelqu'un l'a-t-il fini et a-t-il fait fortune avec?). Il y a quelque temps, je suis retournée dans la maison de ma grand-mère, je n'y étais pas allée depuis sa mort et pour être complètement honnête, j'appréhendais un peu. Rien n'avait changé, aucun objet n'avait bougé. Pourtant, tout était totalement différent. Je me suis accrochée à des albums photo, j'ai regardé puis posé des livres, pour observer autour de moi... regarder autrement, même un objet bête du quotidien, une tasse, n'importe quoi, mais le regarder autrement. Avez-vous déjà essayé? Je me suis empoussiéré les mains pour essayer de retrouver son énergie, me raccrocher à quelque chose d'elle encore... rien... Elle est partie, bel et bien. Son âme n'est plus dans cette maison, et le cœur serré, l'âme en peine, je me suis dit que j'avais grandi. Sommes-nous encore des enfants quand ceux qui ont chéri nos rêves ne sont plus ? Serons-nous encore et toujours des enfants ? Je suis partie de la maison, je ne veux plus y retourner parce que j'ai trop mal de ne pas retrouver la même maison que lorsque j'étais petite fille… mais je suis grande maintenant, peut-être une autre fois ; je devrais le faire, je devrais y retourner et je le ferai parce qu'au creux de moi, quoi qu'il en soit, continue de s'animer la petite fille que j'ai été.

Je tente de réaliser chacun de mes rêves, depuis aussi loin que je me souvienne, patiemment, un à un, je refuse de croire ceux qui me disent que je n'y arriverai jamais. J'expérimente, teste, crie, écoute, pleure à chaudes larmes, ressens, je pars vierge de tout et me connecte à mes sens.

Sans cesse, je cherche l'état de *flow*, ce moment où le cerveau est pleinement à la tâche qu'il accomplit. Ces instants où plus rien n'existe d'autre que le bonheur de l'activité dans laquelle je suis plongée. Selon Csíkszentmihályi qui en a élaboré la théorie, le *flow* est une expérience suprême, une immersion totale durant laquelle les émotions sont totalement en accord avec ce qu'on est en train de faire.

Le plaisir et l'engagement total. Vous voyez de quoi je parle ? Cherchez au creux de vous ces moments magiques où vous ressentez ça, trouvez-les et surtout ne les oubliez jamais.

En baissant la poignée de la porte de la maison d'édition, je m'apprête à réaliser un autre de ces rêves.

Le rêve d'une petite fille, mais surtout celui de la femme que je suis devenue.

Ma grand-mère était communiste (et ce n'est pas si grave)

Une petite fille née dans un triangle improbable.

Tous les contes de fées commencent par « il était une fois » et peu sont linéaires du début à la fin… Je ne suis pas un conte de fées et je ne suis pas linéaire.

Je me suis souvent dit, certainement à tort, que la seule chose sur laquelle ma mère avait pu s'imposer était le choix de mon prénom.

Juillet 1976, pas d'échographie, elle pense qu'elle attend un garçon, je dois m'appeler Franck ou Frank, au choix pour l'orthographe.

Grosse canicule à Nîmes, elle attend, patiemment, d'accoucher. C'est un petit gabarit, elle a 20 ans, un bébé à 20 ans, ça me paraît tellement jeune.

À la télé, une série, *Les Gens de Mogador*… par chance, celle-ci se passe en France, ce qui me permet d'échapper à un prénom tel que Brenda, Pamela ou Kelly, que j'aurais beaucoup moins assumé et qui m'aurait obligée à avoir un niveau globalement irréprochable en anglais, ce qui est loin d'être le cas.

L'actrice principale, Marie-France Pisier, s'appelle Ludivine. Belle, rebelle, Ludivine ne se laisse rien imposer, ni sa vie ni ses choix. Ludivine est libre, s'assume, vit la vie qu'elle a envie de vivre, tant pis pour ceux qui ne comprennent pas, tant pis pour ceux qui ne veulent pas, Ludivine existe.

Ma mère a 20 ans. Mariée à 18 pour adoucir sa vie et quitter l'autorité maternelle. Mais la vie est plus tortueuse que ça, la vérité est qu'elle a quitté l'autorité maternelle pour l'autorité maritale. Ma grand-mère est espagnole, mon père est italien. Un vrai Italien. Brun, cheveu gominé, tiré à quatre épingles, amateur de voitures, possessif et quelque peu autoritaire.

Je ne suis pas l'enfant d'un couple, je suis l'enfant d'un triangle, et les triangles, c'est rarement bon.

Ma mère tente de prendre sa place, me donne inconsciemment une mission, c'est comme ça que je le ressens, je dois être la femme qu'elle aimerait être. Il y a peu, j'ai mesuré à quel point j'ai fusionné tous mes choix avec les siens : mêmes décisions aux mêmes âges, zéro rébellion ou si peu… Je me suis plantée, j'ai juste essayé de réhabiliter une place, pardon, maman. Si j'avais compris plus tôt que je n'avais pas à réhabiliter quoi que ce soit, aurais-je fait d'autres choix ? Ça ne sert à rien de chercher à revenir en arrière. Même si c'est dur, même si on aimerait tout changer, ça ne sert à rien, ça n'a pas de sens, continue, la vie est comme ça.

Tout ce que j'ai crié haut et fort, pour être cette Ludivine de la série, n'a fait que flancher… Pourtant, j'ai tout fait comme elle, je suis même allée jusqu'à épouser un homme qui portait le même prénom que le mari de l'héroïne, dans le Vaucluse, comme l'héroïne dans la série, un couple mythique… J'ai tenté. La seule chose que j'ai réussie, c'est reproduire un schéma, c'est faire comme elle, comme ma mère, schéma que je continue à reproduire aujourd'hui, mais j'en ai conscience.

C'est tellement difficile d'être soi, c'est tellement difficile ne serait-ce que de se l'autoriser, de se donner l'accord.

Ça n'est la faute de personne, à quelques exceptions près. Nous grandissons dans une culture, dans une histoire, dans une famille qui nous donne ses règles, ses peurs, ses injonctions. Nous suivons consciencieusement l'éducation qui nous est enseignée comme nos parents avant nous l'ont fait. Parfois, on tente un pas de côté, une immersion dans un monde autre, différent, dans une façon autre de voir les choses, mais pour s'en extraire totalement, il faudra du temps. Et si on se penche de manière plus précise, une fois le cordon coupé totalement, une fois que nous sommes devenus adultes, si on y regarde de plus près, il n'est pas rare de constater que sur de petites choses, souvent anodines, subsistent encore les traces de ceux qui nous ont fait grandir.

Vous êtes-vous déjà posé la question de toutes les petites choses que vous faites exactement comme votre mère ou votre père sans même que ce soit conscient ?

Une façon de manger ?

Une manière de vous tenir ?

De petites habitudes anodines… posez-vous la question et observez… vous pourriez être très surpris.

Quand je regarde les albums chez ma grand-mère, je prends conscience qu'elle n'est pas (que) cette femme autoritaire et perfectionniste et peut-être même qu'elle n'est pas ça du tout. Elle est certainement aussi une femme qui cherche à prendre sa place et, dans les années 1970, il en faut, du courage.

Elle fait des millions de choses. Vendeuse chez Tupperware, cheffe d'équipe, sourire à pleines dents sur les photos qui me prouvent que le résultat de ses ventes fait qu'elle est invitée partout! Elle peint, danse, coud extrêmement bien, tricote à la perfection, cuisine avec talent… Aurions-nous pu déjà parler de multipotentielle? J'en suis quasi certaine.

On n'a rien inventé, on ne parlait pas de douance, de haut potentiel (HP), de surdoué et surtout pas pour une femme, mais je sais intimement que ma grand-mère n'était pas «que» communiste, qu'elle m'a donné en filigrane l'histoire qui s'est jouée après et qui se joue encore. Elle et ma mère, plus délicatement, plus en douceur, d'une autre façon, portent en elles ce «je ne sais quoi, qui nous met dans un drôle d'état». On ne vient pas de nulle part, je l'ai compris – très, très tard.

Ma grand-mère a (presque) tout assumé: ses idées qu'elle portait comme un étendard, comme si assumer de ne pas penser comme les autres, c'était déjà prendre sa place, elle avait raison. Assumer d'être différente, c'est prendre sa place. C'est assumer de ne pas être aimée de tout le monde, et ça requiert un sacré courage. C'est accepter de ne pas faire partie de la norme. Cette fameuse norme qu'on nous brandit en symbole de bonne conduite, de quelqu'un capable de s'intégrer dans une société. Un mouton de Panurge? Si on acceptait davantage que chacun s'exprime tel qu'il est, ne serions-nous pas aujourd'hui dans une société plus libre, plus constructive, moins décadente ? Une société dans laquelle nos enfants n'auraient plus peur d'être ce qu'ils sont, dans laquelle les adultes oseraient. Je crois que ma grand-mère a choisi d'oser. Elle milite, distribue des tracts, défend avec ferveur ses idées, même si dans les années 1980 le communisme n'a plus le vent en poupe, elle intervient dans les mairies, les associations, participe aux élections, râle beaucoup, impose quelque peu. Elle a, chevillée au corps, l'idée que les ouvriers feront basculer le pouvoir. Que le pouvoir des grands se retrouvera enfin dans les mains des petits. Elle n'attend rien de personne, elle sait que tout viendra d'elle. Une mission de vie ? Un besoin de justice et de loyauté ? Un sentiment d'injustice à combattre ? Un besoin de sens, c'est indéniable. Parfois radicale ? C'est vrai aussi. Au fur et à mesure des années, ma mère m'a montré qu'on peut faire pareil en criant moins, que la force tranquille, cette femme qui tient la gueule d'un lion dans le tarot, est une arme redoutable. J'ai puisé un peu des deux… avec les années et quelques murs dans la figure, j'apprends qu'une main de fer dans un gant de velours, c'est bien aussi.

Quand je suis née, sans surprise, ma grand-mère a imposé ce que je devais boire, manger, sous prétexte qu'elle avait élevé trois enfants ; mon père, sans surprise, imposait parce qu'il était italien et accessoirement le père, le mari, le chef de famille.

Dispute, fin du *game*, ils ne sont plus jamais parlé.

Ma mère, pendant ce temps, se débat avec un bébé à qui les médecins viennent de diagnostiquer une luxation de la hanche.

Opération à 4 mois.

Plâtrée en suivant.

— Madame, monsieur, votre bébé ne marchera jamais.

J'ai toujours pensé que mes problèmes de santé sont survenus pour que mes parents restent ensemble. Leur divorce est d'ailleurs arrivé peu de temps après ma première opération du dos... c'est marrant, l'énergie qu'on peut mettre pour des combats qu'on n'a pas à mener.

Trempez-la dans l'huile, trempez-la dans l'eau, trempez-la dans l'eau iodée, on verra bien.

À 13 mois, il faut bien reconnaître qu'à force d'être trempé (pas dans l'huile), le bébé marche, première bataille gagnée. Peut-on parler de résilience, si jeune ? Quelque chose était-il en train de se tramer ou était-ce écrit dans mes gènes, je n'aurai jamais aucune réponse à ça et j'aimerais en profiter pour vous dire que chercher des réponses à toutes les questions est souvent une mauvaise idée. Parfois, accepter de rester sans réponse est beaucoup plus enrichissant. Malgré la frustration ressentie, malgré l'inconfort palpable, combien de questions sans réponse trouveront avec le temps un apaisement salvateur ?

Maman travaille, papa râle.

La petite chèvre de monsieur Seguin

Mes premiers souvenirs de petite fille arrivent assez tard. J'ai beau tourner en boucle mon cerveau, les premiers sont aussi délicieux que douloureux. Je n'ai pas de souvenir de petite fille heureuse avec ses parents, et ce constat me rend parfois nostalgique. J'ai souvenir de ma mère qui travaille, beaucoup, et de mon père qui me fait peur. Je mens, il m'en reste un qui me revient subitement et c'est un souvenir que j'aime du fond du cœur. Dans les arènes de Nîmes, je suis bien incapable de savoir combien de fois ma toute petite main s'est trouvée dans celle de ma maman pour aller voir *Le Soulier qui vole* et *Holiday on Ice*. Il y a avec ce souvenir un tas de sensations qui me reviennent. Une émotion forte en apportant une fleur à Chantal Goya (qui refait son spectacle et que je retournerai bien voir… si quelqu'un veut m'accompagner), le bruit des patins qui crissent sur la glace et qui fait mal aux oreilles, l'odeur du cou de ma maman, *Rive gauche*, ce parfum tellement fort que je n'aimais pas beaucoup.

Et puis, mon papi Jeannot, mon grand-père maternel. Il me garde, s'occupe de moi, me fait rire. Avec lui, je mange des Stoptou, ces bonbons à la réglisse que j'aime tant encore aujourd'hui.

Les gens s'en vont, mais les ancrages restent. C'est important, les ancrages, parce qu'ils apportent à notre vie du beau dans les moments qui le sont moins.

Mon grand-père est là, il est présent, il m'écoute, il est doux et passer du temps avec lui me rend la vie plus jolie.

Dans mon chocolat au lait, il découpe en minuscules morceaux des petits LU, qu'il faut vite manger avant qu'ils disparaissent définitivement, fondus par la chaleur du lait.

Il me lit Alphonse Daudet, *Les Lettres de mon moulin*, il me lit, inlassablement *La Chèvre de monsieur Seguin*.

Quarante et un ans après sa mort, je connais, toujours, l'histoire par cœur. Quand le cerveau est accroché par l'émotionnel.

Il ne se contente pas de la lire, chaque morceau de petit biscuit devient une chèvre à laquelle il attribue une couleur. Pendant ce temps, j'apprends, sans le savoir, je retiens.

La petite chèvre de monsieur Seguin finit mal, à vouloir être libre, elle a été mangée par le loup. Je ne le sais pas encore, mais à vouloir être libre, bien plus tard, je me ferai manger par le loup.

Je me suis toujours demandé si mon grand-père avait conscience de la fin de l'histoire, tragique et brutale.

Avec lui, je suis protégée, un peu, de ce qui se joue violemment pour une petite fille de 4 ans. Avec lui, je sais que je ne risque rien, et je pense même pouvoir lui raconter, peut-être, tout ce qui m'abîme au quotidien.

Et ce qui se joue… parce que ce qui se joue est moche.

Mes parents travaillent. Il faut une solution après l'école. Je suis confiée à une première nourrice qui cesse de me garder pour une raison que j'ai totalement oubliée.

Alors, je suis confiée à Tatie M. Tatie M. est délicieuse. Elle a quatre enfants, deux filles et deux garçons. Chez elle, je suis chez moi. Je suis choyée, écoutée, aimée, cajolée, je comprends et je prends plaisir aux liens de la fratrie, je joue, je ris et souvent je pleure, mais Tatie M. n'y est pour rien et ne le saura jamais.

Un de ses garçons a 13 ans, peut-être 14, ma mémoire flanche un peu sur l'âge, mais il marque à jamais ma vie de fillette et de femme. Il marque à jamais une partie de ma vie et inscrit à l'encre indélébile et différemment, sans le savoir, mon hypersensibilité et la perception que j'aurai, bien plus tard, de mon haut potentiel et de ma douance.

Comment peut-on savoir ce qui est normal et ce qui ne l'est pas quand on a 4 ans ? À quel point, pendant toutes ces années, je ravale mes larmes, ma colère et ma tristesse en essayant de hurler à l'aide avec des mots qui ne sortent pas.

Des années durant, j'ai cauchemardé que je criais à l'aide et que les mots ne sortaient pas. À 20 ans encore, je me réveille en nage et en larmes parce que je hurle dans mon sommeil et que personne ne m'entend.

À ce moment-là, je subis.

Ce qu'aucun enfant ne devrait subir.

Ce qu'aucun enfant ne devrait vivre.

Je subis, sans rien dire, parce qu'il me demande de ne rien dire.

Il m'attache au lit. J'ai encore en l'écrivant la sensation des cordes sur mes minuscules poignets. Le froid du bois du lit sur mes doigts.

Me déshabille.

Glisse sur mon tout petit corps, à l'intérieur de mon tout petit corps de presque encore bébé, ses mains, son sexe d'adolescent.

— Chut, tu ne diras rien.

Je ne dirai rien, à personne, pendant de longues années.

J'ai 27 ans quand je parle.

Peur de décevoir, peur de détruire, peur de la réaction de mon père. Puis, la honte de ne pas parler, la culpabilité que d'autres subissent les mêmes choses. Plus les années passent, plus la culpabilité et la honte grandissent, moins je parle, plus c'est dur, plus je souffre, moins je parle. Un cercle vicieux qui s'ajoute à la violence puis à la réparation indispensable pour construire sainement. Puis quand, suffisamment réparée, je suis prête à parler, la justice n'est plus prête à m'entendre. Trop tard, j'ai passé mon tour, j'ai passé le délai qu'on m'accorde. Deuxième claque, deuxième violence. Jusqu'à quand la justice imposera-t-elle des délais pour parler ? Jusqu'à quand sera-t-il si difficile de comprendre que pouvoir parler demande d'être guérie et que la guérison prend du temps, justement ? On ne peut pas souffrir d'une double peine, on ne peut pas culpabiliser à vie pour ce qu'on a subi. Parler est indispensable pour aller mieux, mais chacune a son rythme ; s'il vous plaît, j'aimerais tellement qu'un jour ce rythme soit respecté.

Régulièrement, journalièrement, le même schéma.

La serrure de la porte qui se ferme.

La petite fille qu'il déshabille.

La petite fille qu'il attache au lit.

La petite fille dont il abuse.

La petite fille qui fait des dessins plus tristes les uns que les autres.

La petite fille qui ne dit rien.

La petite fille qui sourit malgré tout.

La petite fille abusée.

La petite fille violée.

La petite fille violentée.

La petite fille marquée à jamais.

La petite fille à qui il impose d'ouvrir grand la bouche parce que c'est comme ça qu'il fait, il met son sexe de jeune homme dans la bouche des petites filles, de cette petite fille, il l'a vu dans ses magazines qu'il cache sous son lit de tortionnaire.

La petite fille à qui il tient les mains, au cas où elle se débattrait. J'ai 4 ans, comment peut-il penser que je vais me débattre…

La petite fille qui endure, quatre ans durant, j'ai compté, les pires horreurs.

La petite fille qui grandit d'un coup.

Mais Tatie M. est gentille, la petite fille ne dira rien. Ni à Tatie M., ni à ses parents, ni à Papi Jeannot… parce que le temps que la petite fille dise, Papi Jeannot est mort, et on ne m'a rien dit.

Des années durant, il était là, un jour, il n'est plus là.

Entre-temps ?

Un cancer des poumons fulgurant, une chambre d'hôpital aux murs bleus, mon dernier souvenir.

Il est mort en trois mois.

J'ai passé les meilleurs moments de ma courte vie avec lui et on me l'enlève sans rien me dire.

J'avais des choses à dire. J'avais des choses à lui dire.

J'ai 6 ans. Je me sens totalement abandonnée.

Comment fait-on pour gérer ses émotions quand on a 6 ans ? Quand on est meurtrie par le viol et la mort ?

Comment fait-on quand on a l'impression à 6 ans de vivre dans des sables mouvants ?

Comment fait-on pour dire l'indicible, le terrible, comment fait-on pour ne pas se sentir coupable ?

Je n'ai aucune réponse, mais je crois qu'une partie de ma vie, que mon hyperperception des choses, s'est jouée à ce moment-là.

Je sais que la totalité de mes hyperesthésies s'est bâtie sur des peurs, des méfiances, des risques à éviter, des traumatismes à dépasser.

Je sais que beaucoup de choses se sont jouées à ce moment-là.

Je sais que j'ai longtemps cru que ce viol m'avait empêchée d'apprendre, de retenir, d'être quelqu'un de bien parce que j'étais persuadée que tout le monde le voyait et que c'était moi qui étais en tort.

On parle peu de nos traumatismes violents, c'est d'ailleurs la première fois que je l'écris, parce qu'on n'en est pas fiers – mais en quoi en sommes-nous responsables ?

Plus tard, je m'en suis voulu de ne pas l'avoir crié sur les toits, je m'en suis voulu de ne rien avoir dit pendant des années, parce qu'en ne disant rien, j'ai peut-être fait en sorte que d'autres petites filles soient abusées. D'y penser, j'en ai la nausée.

Et si, à cause de moi, d'autres petites filles devenues femmes pleuraient aujourd'hui ?

J'ai été une petite fille abusée et bien sûr que mon hypersensibilité s'est imposée avec ce traumatisme.

Il s'appelle Xavier M. et personne ne doit subir ce qu'il m'a fait subir.

Mon papi Jeannot est mort, j'ai 6 ans, mon monde s'écroule.

Fermé par mille baisers

C'est un grand vide qui se dessine. À la fois du vide et un brouhaha de souvenirs heureux partagés entre mes grands-parents paternels, ma famille italienne, les dimanches dans cette petite ville des Cévennes où, autour d'une grande tablée, ma tante, mon oncle, mes cousines et mes cousins me donnent ce que j'aime le plus, la vie de famille. Moi, enfant unique, en quête de ce que je n'ai pas. Mes souvenirs heureux, ce sont aussi mes autres cousines, en Ardèche, autre ambiance, autre admiration, autres exemples qui me fascinent. Mes plus vieux souvenirs sont cela, des moments, beaucoup d'absence de mémoire, ma grand-mère maternelle et ma grand-mère italienne, ma grand-mère paternelle.

Étrangement, peu de souvenirs avec mes parents. Quelques-uns, çà et là, ma mère travaille toujours beaucoup. Mon père, autoritaire, me fait toujours très peur.

Mon grand-père italien, incapable de prononcer mon prénom correctement. À sa décharge, il avait prévenu, ce prénom est beaucoup trop compliqué pour lui. Il m'a appelée « Loudivina » toute sa vie. Ma mamie italienne Emilia, exemple d'amour, de bonté et qui a tenté… vainement de m'apprendre à cuisiner et puis Manou, qui me redonne, sans le savoir, goût à la vie.

Une période durant laquelle le sentiment de décalage prend de plus en plus de place. Je suis dans la lune, tout le temps, partout.

À l'école, une élève gentille, mais dans la lune.

Je fuis le bruit au point de « fuguer » de la cantine, je passe du temps avec les grandes personnes.

Je ne suis pas là.

Je ne suis pas bien.

Je me sens totalement ailleurs, totalement décalée.

J'ai peur de tout. Je me plonge dans un hypercontrôle qui ne m'a toujours pas quittée.

Je guette les bruits qui m'indiquent l'arrivée de mon bourreau, savoir, pour avoir moins mal au corps et au cœur.

Je reconnais les pas de mon père, anticiper son arrivée me permet de me préparer. Sera-t-il de bonne humeur ? Énervé ? Agacé ?

Je me réveille la nuit au moindre bruit.

Encore aujourd'hui, ce rapport aux bruits est prégnant. L'hyperacousie et la misophonie que connaissent si bien les hypersensibles. Impossible de rester dans un endroit trop bruyant, je suis rapidement épuisée dans le marasme d'un lieu dans lesquels les bruits sont trop présents, j'ai besoin de couper, de retrouver le calme, au risque de dépenser toute mon énergie à combattre ces bruits qui me dérangent. Avec les années, j'ai appris que ce n'est pas si grave. Je compose avec mon environnement, m'adapte en fonction de mon état de fatigue. Nous vivons une vie totalement ensevelie par les bruits, les odeurs, les lumières, une vie dans laquelle les sens sont mis à contribution sans cesse et souvent à rude épreuve. Je suis certaine que si vous levez quelques minutes les yeux de ce livre, vous allez constater à quel point, l'air de rien, en même temps que vous lisez, vos sens sont sollicités.

Une odeur ?

Des mouvements ?

Des couleurs ?

Des bruits ?

Tout est sujet à penser, à anticiper, à prévoir. La peur est mon maître, les bruits sont mes alliés.

Parallèlement et sans savoir à quel point elle est en train de me montrer une autre perspective, ma grand-mère m'apprend à danser. Parce qu'avec son mari, elle écume les bals de village, parce que je suis souvent chez elle, parce que j'adore la voir revêtir de jolies robes, parce que j'aime ce rituel autour de la danse, elle m'apprend à danser et j'aime ça et j'adore ça. Une façon de me reconnecter à mon corps, sans le savoir. Tango, valse, paso, on a tournoyé tellement de fois dans le salon de la maison. Des effluves de *Femme* de Guerlain (y a-t-il un hasard ?), son parfum, se répandent au rythme de la musique avant de rejoindre le bal.

Sur le chemin, elle me chante « Salade de fruits », elle rit à gorge déployée, et la petite fille redevient une petite fille.

C'est cette petite fille que nous sommes qui un jour devient une femme.

C'est cette petite fille qui a besoin d'être choyée, écoutée, consolée, reconnue pour grandir et se réaliser de manière douce et confiante. C'est cette petite fille qui au fil des années va nous permettre d'être pleinement au monde de la manière qui nous convient. C'est cette petite fille qui va oser faire des choix sans avoir peur, sans être limitée, sans être empêchée.

Carl Gustav Jung parle d'enfant intérieur.

L'enfant intérieur, c'est ce qu'il reste de notre enfance et surtout la façon dont notre enfance impacte notre vie d'adulte.

Il n'y a pas d'adulte heureux sans enfant intérieur apaisé. Je n'ai pas dérogé à la règle, je ne déroge pas à la règle. Pour être la femme que je suis devenue, j'ai eu besoin de réparer tous ces traumatismes, de les digérer et de les vomir au sens propre. Tant que je n'ai pas eu tout réglé, tant que je n'ai pas été capable de regarder ma petite fille intérieure dans les yeux et de la serrer fort dans mes bras, j'ai été sujette à des crises de colite carabinées qui me clouaient au lit, et me créaient des vomissements des heures durant.

Je reste intimement persuadée que toutes les expériences qu'on vit, que toutes nos perceptions sensorielles sont là pour proposer à notre enfant intérieur de faire briller en nous la flamme de vie qui parfois s'étiole, écrasée par les traumatismes, les attentes auxquelles personne n'a répondu, la reconnaissance qu'on ne nous a pas apportée.

Je reste intimement persuadée que peu d'adultes ont grandi sans traumatismes – et je ne mets pas de degré aux traumatismes.

Cela dit, ce peu d'adultes est chanceux et j'espère qu'ils profitent autant que faire se peut de cette chance.

Pour les autres, il n'y a pas de fatalité, on peut, chaque instant de sa vie, apporter à ce petit enfant tout ce qu'il n'a pas eu, on peut le nourrir d'une énergie vibrante et forte qui lui donnera la puissance d'exister pour laisser se déployer l'adulte qu'on a envie de devenir.

Je crois que ça s'appelle la résilience.
Je sais que c'est difficile.
Je crois qu'on en est tous capables.
Je suis certaine qu'on le mérite tous.

J'ai 7 ans.
Je suis tout abîmée.
— Madame, monsieur, votre enfant a une scoliose.
C'est idiopathique, mais c'est la maladie des enfants qui ne veulent pas grandir…

On continue ?

Ma grand-mère avait pour habitude d'écrire ces quatre lettres sur chacun des courriers qu'elle m'envoyait : « FPMB » (Fermé par mille baisers).

J'ai repris cette habitude chaque fois que j'écris à mes nièces ou à mes neveux.

Saint Pierre, celui qui a les clés des portes du paradis…

À l'âge de l'insouciance, à l'âge de courir dans la cour d'école à m'en écorcher les genoux, à l'âge de rire comme une enfant de 7 ans, à l'âge de tout ça, je suis une petite fille qui entre dans la spirale infernale de la maladie et son lot de médecins, spécialistes, kinés, hôpitaux, examens, diagnostics et tellement, tellement de choses trop lourdes à vivre.

Le professeur Pous me suit depuis ma luxation de la hanche, c'est lui qui diagnostique ma scoliose. Lui et son armada d'internes.

Je me souviens très bien de ces visites qui rendent fou mon père. Tous les trois mois, pour se rendre à Montpellier, il se trompe systématiquement de route, râle, crie, jure dans la voiture, avec ma mère, on attend patiemment que ça passe, derrière j'ai peur, je me fais toute petite.

Quand on arrive à l'hôpital, toujours le même rituel, le bruit de la vieille imprimante qui sort les étiquettes de consultation, l'attente extrêmement longue, les odeurs si spécifiques aux couloirs d'hôpitaux puis, enfin, au bout de quelques heures, il arrive. Son bureau est immense pour la toute petite fille que je suis, mais ce qui m'impressionne le plus, c'est le silence, presque bruyant, dans la pièce. C'est à se demander si tous ces gens respirent. Aucun souffle, aucun reniflement, aucun crissement de coton trop rigide d'une blouse blanche qui bouge. Jean-Gabriel, aussi charismatique que son prénom en impose. Comme si ses parents avaient décidé de son sort en choisissant son prénom. Il enclenche son dictaphone, dicte à voix très basse ce qu'il constate.

Il dicte toujours les mêmes choses et moi je tends l'oreille, une scoliose évolutive qui, malgré les séances de kiné, nombreuses, ne s'améliore pas.

Plus tard, il finit par dicter que le corset devient indispensable, quatre heures par jour, c'est léger. Dans ma gorge, une énorme boule hésite entre se transformer en hurlement de larmes, de peurs et d'injustice, ou se poser sur mon cœur. Elle choisit la deuxième option, gentille fille.

Quelques années plus tard encore, il dicte que les quatre heures deviennent vingt heures sur vingt-quatre et si la scoliose évolue toujours, on envisagera l'opération.

La boule pèse. Plus lourd, plus mal, sur ce cœur déjà un peu écrasé.

L'école primaire est synonyme de peurs, de kiné, de mon grand-père qui part. Elle est aussi synonyme de tout ce temps que je passe dans la lune. D'institutrices qui me passionnent à d'autres qui me font me renfermer dans ma coquille et face à qui je ne réussis pas à bredouiller un simple mot. Il paraît que je suis curieuse, passionnée par les adultes bien plus que par les enfants de mon âge, je ne me souviens de rien d'autre que de ce sentiment permanent d'être ailleurs. J'ai longtemps mis ça sur le compte des violences que je subis, des horreurs quotidiennes auxquelles viennent se greffer mes problèmes de santé.

Puis, dans cette enfance bouleversée et bouleversante est arrivé un petit miracle. Elle est née le 12 décembre 1982, je suis une toute petite fille, mais je m'en souviens comme si c'était hier, comme si, tout à coup, son sourire venait redonner un peu de couleur à mon monde tout gris. C'est fou à quel point on peut oublier des choses et en garder d'autres avec tous les souvenirs sensoriels. Ma première cousine, un bébé délicat, tellement doux, je me souviens de son regard, je me souviens de ses premiers sourires, je me souviens de son odeur, de la douceur de sa peau toute neuve, tellement neuve que je croyais que l'embrasser pouvait l'user. Je me souviens aussi et surtout de la confiance qu'on m'accorde. Je m'en occupe, je la change, les grands ne me voient pas comme la toute petite fille que je suis, j'ai une place.

Ce qui se joue à ce moment-là donne une autre couleur à ce que je traverse, une couleur pastel et délicieuse qui m'émeut encore chaque fois que j'y pense.

C'est fou, ce pouvoir magique du cerveau ! Le pouvoir d'ancrer. Pensez à un événement heureux et, immédiatement, vous en retrouverez toutes les sensations. Une soirée entre amis qui vous a fait rire ? Il suffit d'y penser et immédiatement vous esquisserez un sourire… Essayez.

Début d'adolescence, mal dans ma peau, ce foutu dos m'empêche de m'intégrer aux autres, contrainte par la kiné, par le corset, contrainte par la vie, contrainte par mes parents.

Chacune de leurs réponses est irrémédiablement la même :

– « Tu ne peux pas aller en soirée à cause de ton dos. »
– « Tu ne peux pas être dans des endroits où il y a du monde, à cause de ton dos. »

– « Non, pas là non plus, à cause de ton dos. »
– « Un Chappy (oui, on est dans les années 1980…), tu n'y penses pas, ton dos ! »
– « Colonies de vacances ? Tu n'y penses pas avec ton dos ! »
Inlassablement la même réponse.

Mon dos, mon dos, mon dos… Enfermée dans une boîte en résine qui part du dessus de la poitrine pour descendre jusqu'aux fesses, je perds le peu de confiance qu'il me reste. C'est la période où les groupes se créent, les amitiés se lient, la période du sport collectif, c'est la période où les ados ne sont pas forcément gentils entre eux. Être différent, c'est être moqué, c'est ne pouvoir intégrer aucun clan, aucune structure, ce sont des années qu'on ne rattrape jamais. Je suis coupée, je me coupe, je suis exclue. Pendant que mes copines sortent, pendant qu'elles arborent joliment leur poitrine naissante dans de délicats t-shirts… je me cache, je me trouve moche, j'ai conscience que personne ne m'aimera jamais, qu'aucun garçon ne me regardera, que je ne suis pas aimable, que je finirai seule. J'ai honte de ce corset, j'ai honte de moi, je me trouve nulle, je ne peux pas faire de sport, je ne suis reconnue dans aucun groupe, je ne fais partie d'aucune bande. Dans l'absolu, rien de bien grave, mais progressivement des petits bouts d'estime de soi qui se délitent et dont il ne restera bientôt qu'un fil largement insuffisant pour aborder une vie d'adulte épanouie. Le regard qu'on a sur soi, cette force inestimable pour se positionner, pour apprendre à dire non, pour apprendre à poser ses limites. Spontanément, on ne nous apprend pas à dire non, consciemment on ne nous apprend pas à poser sur nous un regard constructif et chaque épreuve, au fur et à mesure, si elle n'est pas compensée par quelque chose de plus grand, rassurant et encourageant, mettra à mal notre estime. Alors, puisqu'elle est cachée derrière nos peurs, nous irons chercher ailleurs ce qui est bien enfoui à l'intérieur de nous-mêmes : la reconnaissance. Nous irons la chercher vainement, partout, inlassablement et sans remarquer qu'on s'y épuise, donnant à d'autres la responsabilité de notre bien-être ou de notre mal-être, nous débattant dans une mer agitée dont on ne sort jamais gagnant. Parce qu'avec l'estime, la confiance part aussi. Plus on se croit capable de se réaliser, plus on tentera l'expérience. L'estime et la confiance doivent être des piliers indestructibles pour aller vers nos rêves, vers nos envies les plus riches et les plus profondes, et vous ne devez laisser à personne la possibilité de les détruire. Vous devez, chaque moment de votre vie, veiller à les nourrir suffisamment et à réhabiliter progressivement l'enfant et l'adolescent que vous étiez et qui en a tant manqué. Et pour les nourrir, pour les chérir, vous connaître sera le premier pas.

Dans cette période incomprise et incompréhensible, je me raccroche à deux choses.

La danse (le modern jazz, parce que le rock acrobatique… impossible, à cause de mon dos). En revanche, j'ai le droit d'écumer avec ma grand-mère et son mari tous les bals de village où ils se rendent pour danser le week-end, et ça me met carrément en joie ! Je danse beaucoup et j'apprends, avec elle, le plaisir de se préparer à aller danser. Si l'escale fait partie du voyage, la tenue fait partie du bal… Pour le jazz, je suis gauche, mal dégourdie, là où Gé. et B. sont tellement belles et impressionnantes. Pour être avec elles, je reste, seul moment où j'ai l'impression d'être… Tous les mercredis, le casque du walkman vissé sur les oreilles, je vais à pied de chez ma grand-mère à l'école de danse en écoutant à tue-tête « Il suffira d'un signe », « La vie par procuration », « Elle attend »... et j'attends le signe pour arrêter de vivre ma vie par procuration et aller au bout de mes rêves.

La deuxième chose, c'est le club théâtre que j'intègre au collège ! Alors que je m'ennuie en classe, présente, mais absente, le théâtre me permet de découvrir Brel, Barbara, Brassens, Prévert... j'apprends en faisant, en pratiquant, en me mettant en mouvement pendant que je suis empêchée par le corset. Pied de nez à la vie...

J'ai découvert beaucoup plus tard que c'est mon mode d'apprentissage. D'aucuns ont besoin de regarder des vidéos, qu'on leur raconte des histoires, moi, pour apprendre, j'ai besoin de faire, d'expérimenter, de mettre dans mon corps. Parmi tout ce qu'on enseigne aux enfants, le principe de mettre en mouvement pour apprendre me paraît trop peu considéré, pourtant... qui peut apprendre sans passer par son corps ? sans passer par la mise en mouvement ? Personne ! On apprend avec sa tête, avec son cœur et avec son corps.

C'est comme ça que j'ai rencontré Audrey Akoun, c'est la première à m'avoir expliqué que le processus d'apprentissage est multiple et elle est aussi la première à avoir écrit « *You rock* » sur ma feuille d'examen. Soudain, avec Audrey, j'ai commencé à admettre que je n'étais peut-être pas si nulle, mais que je fonctionnais différemment... J'ai dû attendre d'avoir presque 34 ans... Si seulement j'avais su ça plus tôt.

Cette passion pour le théâtre ne me quittera plus jamais, cette passion des mots ne me quittera plus jamais et je remarque que plus je vieillis, plus l'importance que j'accorde aux mots grandit aussi. Bien les choisir, bien les utiliser, bien les faire chanter...

J'ai découvert le théâtre classique français, anglais, j'ai découvert le vaudeville, Molière, Queneau, Feydeau, Jean Genet… J'ai joué des textes plus beaux les uns que les autres, que j'ai disséqués avec mon professeur de français puis une professeure de théâtre absolument fabuleuse. Spécialisée dans la méthode Stanislavski, portant le nom du professeur russe qui l'a créée, elle tend à travailler avec le corps sur l'émotion vraie, juste. Improvisation, travail sur la mémoire des sens, Corinne m'essore émotionnellement. Elle me confronte à mes émotions pendant de longues années, ne me laissant la possibilité ni de me défiler, ni de mentir, ni de me mentir. Il ne s'agit pas de jouer un personnage, il s'agit de l'incarner, de le comprendre, d'aller en chercher chaque singularité qui le constitue, de se donner entièrement. Tout ce que j'aime est là, devant moi, avec elle, emploi et contre-emploi au point qu'un jour je décide que je serai comédienne.

Je me souviens de mes parents, un peu déstabilisés et totalement réfractaires à l'idée (« Ça n'est pas un vrai métier ») lors du rendez-vous avec Corinne.

— Ludivine dit qu'elle voudrait faire du théâtre.

— Oui, il va falloir qu'elle parte à Paris.

Un silence pesant dans la pièce signant leur total désaccord, je suis restée à Nîmes et j'ai passé un bac A3, littérature et théâtre. Ma meilleure note à l'épreuve de théâtre.

J'ai gardé du théâtre mon amour pour la scène que je retrouvai d'une façon ou d'une autre chaque fois que j'ai donné un cours de danse ou que j'ai formé, pour la littérature, pour les mots et les textes, j'ai gardé du théâtre une flamme qui m'anime pour toujours. J'ai gardé du théâtre tous les textes que je connais encore par cœur et des auteurs dont on ne m'aurait peut-être jamais parlé.

J'ai gardé pour le théâtre une sensibilité accrue, le stress avant chaque montée sur scène et des larmes puissantes d'émotion à la fin de chaque spectacle.

Retour chez le professeur Pous, quelques mois plus tard, beaucoup trop d'heures de corset plus tard.

Il enclenche son dictaphone et la sentence tombe : il faut opérer, il n'y a pas d'amélioration.

C'est une grosse intervention, elle dure dix heures, la colonne sera redressée et on placera un tuteur en titane (tiges de Harrington pour les intimes), fixée par la moelle osseuse prélevée dans la hanche. Mais opérer induit une hospitalisation un mois et demi avant pour préparer la colonne et une sortie un peu plus d'un mois après la chirurgie.

— On opère l'été pour qu'elle manque le moins possible l'école. Bonne fin de journée.

Ma mère ne veut pas de cette opération.

Mon père dit que c'est une bonne idée.

Je ne pense qu'à une chose, jeter mon corset, et c'est la première chose que je fais en rentrant à la maison.

Après des semaines de réflexion et face au doute qui règne à la maison, je me retrouve, seule, à 15 ans, dans le cabinet de mon médecin de famille. Je ne sais plus si c'est lui qui m'a demandé de venir ou si c'est moi, mais son message est très clair :

— Si on ne t'opère pas ? Ton dos va écraser ta cage thoracique, tu ne vivras pas au-delà de 30 ans.

J'ai été opérée le 20 juillet 1992, ce fut une très longue et délicate opération. Je suis rentrée plusieurs semaines avant à l'institut

Saint-Pierre à Palavas. Un hôpital spécialisé pour les enfants. J'y ai vécu le plus beau et le plus terrible été de ma vie. Pendant des semaines, je suis confrontée à la maladie des enfants, dont certains, je le sais, ne sortiront jamais. Je suis confrontée à la délicatesse et à de merveilleuses équipes médicales qui mettent tout en œuvre pour que les ados que nous sommes se sentent bien, et je m'y suis sentie bien. Je suis confrontée à un médecin goujat qui face à mon inquiétude d'avoir une épaule toute tordue au lendemain de l'opération, m'a répondu que ce n'était pas ce qu'un garçon regarderait en premier… J'ai dû tout réapprendre comme un *reset* total du corps qui ne connaît plus cette nouvelle position du dos induite par l'opération. M'asseoir, marcher sur un sol dur, puis marcher dans le sable, puis marcher sur une poutre, respirer, me tourner avec un dos totalement paralysé, chaque geste qui était, jusqu'à la veille de l'opération, si naturel m'est devenu totalement étranger. Mon corps est reparti de zéro. Encore aujourd'hui quand je vis une nouvelle expérience, je suis obligée de prendre en compte ce dos totalement paralysé.

Ce semblant de colonie au bord de la mer sur fond de matériel chirurgical et les deux mois et demi que j'ai passés là-bas m'ont changée à jamais.

Je sors de l'hôpital fin août, paralysée de la nuque à la moitié du dos, mais persuadée que cette histoire est derrière moi (aux sens propre et figuré). Assise dans la voiture, je regarde le soleil se lever et je me dis une seule chose : pour tous les enfants, tous les ados qui sont là, que j'ai rencontrés, qui sourient alors qu'ils savent qu'ils ne sortiront jamais, je dois vivre à fond. Je dois aimer la vie, pour eux. Je n'ai pas le droit de faire autrement.

Le soleil se lève, je suis en vie.

Confidentiel[2]

Rares sont les personnes qui commencent leur vie d'adulte sans traumatismes, sans situations bouleversantes. L'enfance qu'on a vécue conditionne notre vie, mais on a le choix de modifier les choses. Évidemment, on ne va pas modifier son enfance, et l'insupportable ne deviendra pas acceptable. En revanche, on a la possibilité de modifier la façon dont on vit ses souvenirs, on a la possibilité de travailler sur ses traumatismes pour se percevoir différemment avec plus de douceur envers soi-même.

1. Prendre soin de son enfant intérieur

C'est lui qui vient taper à la porte de l'adulte, c'est lui qui attend la reconnaissance, la légitimité, qui attend qu'on l'aime. Lui aussi qui va vous permettre d'oser, de tenter, de vous laisser aller à la spontanéité. En prendre soin est indispensable. Vous pouvez, lors d'une séance d'hypnose ou d'autohypnose, aller lui parler. Vous pouvez aussi garder à proximité de vous une photo de vous enfant et lui parler tous les jours. Lui dire que vous éprouvez beaucoup de fierté pour l'adulte qu'il est devenu, lui dire que vous l'aimez, qu'il fait de grandes choses, et qu'il a la possibilité de se réaliser pleinement parce que vous le reconnaissez à sa juste valeur.

2. Apprendre la parole

Parfois, exprimer ce qu'on a à exprimer est un défi qui paraît totalement irréalisable, pourtant c'est tellement salvateur. Parler permet de nous libérer des poids qui nous empêchent d'avancer. Parler de ce qui pèse, de ce qui fait mal, de ce qui blesse, de ce qui nous fait peur ou honte, de ce qui nous fait culpabiliser nous permet de gagner tellement de temps. Libérer votre parole est indispensable. Appelez un ami ou une amie, là, tout de suite, quelqu'un en qui vous avez confiance, et dites-lui ce que vous avez sur le cœur, quelque chose que vous gardez pour vous depuis longtemps.

3. Pardonner

Pardonner est un processus personnel qui peut prendre du temps, mais c'est nécessaire au bien-être émotionnel et à la santé mentale. Il ne s'agit pas d'accepter ni d'oublier, mais plutôt de lâcher la colère et le ressentiment en se libérant du poids du passé. Prenez la décision consciente de pardonner et écrivez ce que vous ressentez en l'acceptant à votre rythme. Il n'est pas nécessaire de donner ni même de garder vos écrits, mais il est nécessaire de vous faire du bien. Pardonner implique une grande force personnelle et beaucoup de maturité.

PARTIE 2

Je suis en vie… super, mais pour faire quoi ?

Je pense, avec erreur, que ce que je crois être la fin de cette histoire de dos va régler tous mes problèmes. Je crois, naïvement, que mon intégration dans le monde des ados va se faire simplement, mais c'est oublier de regarder que ce que j'ai vécu a laissé en moi des stigmates qu'aucun ado qui n'est pas passé par là ne connaît.

Je mise sur mes cheveux longs pour cacher la cicatrice qui traverse mon dos, mais c'est compter sans celle qui est à jamais gravée à l'intérieur. Je ne corresponds à personne, je n'intègre toujours aucun groupe, j'ai beau tenter, essayer, ça ne marche pas. J'ai une amie, Amélie, chez qui je passe beaucoup de temps les week-ends, pendant les vacances, du temps en famille pendant que la mienne se déchire. Mes parents s'entendent de moins en moins, les disputes sont de plus en plus fréquentes et je sens arriver, instinctivement, l'issue.

Ma passion pour Goldman ne diminue pas, et par chance, celle qui est toujours aujourd'hui ma meilleure amie, Gé., a la même. On arpente les concerts, Montpellier, Nîmes, Toulouse, Alès… tous sans exception… Des heures à patienter devant des zéniths ou de petites salles, des heures au pied des arènes, en plein soleil, pour être au plus près de notre héros. Gé. est mon remède contre la tristesse, Gé. me comprend, aussi étrange que je puisse être, même si Gé. fait des *rave parties*, soirées auxquelles je ne comprends rien pour ma part et auxquelles je ne porte aucun intérêt.

Dans ma tête, je suis vieille.

Je ne sais pas où je vais, je ne sais pas ce que je veux.

Je viens de quitter mon premier amoureux, un garçon gentil, mais je lui reproche d'être fils unique (alors que je suis moi-même fille unique). Je ne vois aucun chemin possible avec lui, je veux quatre enfants, une grande famille, et il ne pourra pas répondre à mes attentes. Il est surpris, mais il accepte ce raisonnement un peu improbable.

En fait, ce n'est pas mon premier amoureux. Parce que mon premier amoureux, je le rencontre lors d'un mariage quelques années avant. Et j'en suis dingue ! Cinq ans de plus que moi, étudiant en criminologie, et une plume magnifique. Pas de téléphone portable à l'époque, il habite à quelques kilomètres de mes parents.

Possibilités de le voir… rares… Contrôle parental… maximal… Il m'écrit.

J'adore ça. Je reçois chacune de ses lettres comme un trésor, j'ai hâte de parcourir ses missives… L'une d'entre elles contient une invitation pour ses 20 ans, organisés dans un lieu qui se rapproche plus du terrain vague que d'un lieu de réception. Après maintes tergiversations, j'ai obtenu un droit de sortie qui doit être de l'ordre de deux heures. À l'heure dite, la Ford Escort de mon père dans laquelle je suis montée sans traîner une seconde est apparue au beau milieu de la fête, me laissant rouge de honte. Acharnement du sort, sa lettre suivante est arrivée environ quatre mois après son envoi… me fixant un rendez-vous… quatre mois avant. « C'était mieux avant », sauf pour les rendez-vous ! Notre histoire s'est évidemment arrêtée là. À titre informatif, je crois qu'il n'est pas devenu criminologue ; dommage, j'aimais bien l'idée.

J'ai 18 ans, mes parents recensent les fourchettes, les couteaux et les assiettes entre deux disputes et des jours entiers sans se parler. J'ai mal au ventre, je me consacre pleinement au théâtre, d'autant que je viens d'avoir mon permis et que nous avons une fois par semaine une soirée avec la compagnie, après le cours, dans un bar du centre de Nîmes. On refait le monde, je suis au milieu d'adultes, j'échange sur des sujets qui m'intéressent, pour la première fois, j'ai l'impression d'être à ma place.

La soirée au *Shaker*, le bar à côté de la maison carrée, a lieu toutes les semaines et c'est ce que je raconte à ma mère tous les mercredis matin quand elle me demande si j'ai passé une bonne soirée, mais la vérité est bien plus romanesque…

Oui, parfois, je vais là… mais la plupart du temps, au volant de sa Fiat Marbella, je pars à Uzès et je rentre dans la nuit… Qui connaît la route entre Nîmes et Uzès peut aisément imaginer l'épopée. Si vous ne la connaissez pas, visualisez vingt kilomètres de virages en tête d'épingle… Vingt kilomètres durant lesquels je tente de battre mon record de vitesse chaque fois, non pas par amour de la vitesse, mais parce que je suis impatiente d'arriver. Vingt kilomètres sur deux roues en Marbella… le tableau est risible.

— À Uzès ? Mais qu'est-ce que tu vas faire à Uzès ?

D'abord surprise que ma mère ne remarque pas les cinquante kilomètres supplémentaires qui s'affichent au compteur au lieu des dix initialement prévus, prise entre la culpabilité de mentir et la naïveté délicieuse de ma mère, j'avoue :

— Je vais voir J.

— J. ??!! Mais pourquoi ?

J. est un des meilleurs amis de ma mère. Coiffeurs tous les deux, ils se côtoient depuis de longues années, notamment par l'intermédiaire du Comité artistique de la coiffure française, dont ma mère est présidente.

On dit quoi à sa mère, pour lui révéler qu'on découvre l'amour charnel avec son ami de longue date, qui plus est de quinze ans mon aîné ?

— Parce que je suis amoureuse de lui…

Je crois que c'est ma réponse.

Je ne me souviens absolument pas de la sienne ni même de la façon dont elle l'a vécu, toutefois j'imagine assez bien comment on peut se sentir quand on apprend que sa fille d'à peine 18 ans fait ce genre d'annonce. Ma mère a une grande intelligence de cœur, je n'ai pas souvenir qu'elle ait remis en cause un seul de mes choix.

J'ai 18 ans, mes parents se séparent et pour ne pas choisir entre les deux, je pars vivre avec J. Il a 33 ans, il est divorcé, papa d'un petit garçon de 5 ans et accessoirement… il m'a vue grandir.

On n'est pas sérieux quand on a 17 ans(3) *

Mais j'en ai 18 !

Alors, parfait, fonce, Ludivine, vas-y !

Belle-mère, « femme », j'ai même du mal à l'écrire parce que pour être complètement honnête, aujourd'hui avec le recul, j'ai du mal à l'admettre. Quand aujourd'hui je vois une jeune fille de 18 ans, je me dis souvent : *Toi, à cet âge-là, tu étais belle-mère et en couple*, je flippe toute seule.

Pendant ces sept ans qu'a duré notre histoire, je nage en plein bonheur, un bonheur immense et doux qui me permet d'aller regarder ce qu'il y a de plus difficile et douloureux en moi, ce qui me fait tant de mal et que mon dos ne m'a pas encore laissé le temps de regarder… le viol. Je ne sais pas si dans un autre contexte j'aurais réussi. Je reste persuadée que les choses n'arrivent pas par hasard et que j'avais besoin de vivre cette histoire pour grandir encore, pour affronter la vie et ce qu'elle a encore à me réserver.

Notre histoire se dessine entre Uzès où on vit, Alès pour son fils et sa famille et Nîmes. Il est le troisième enfant d'une famille très

---

* Ces chiffres entre parenthèses correspondent à des pistes musicales à retrouver en fin d'ouvrage.

unie et avec lui, je peux enfin réaliser mon rêve absolu… la vie de famille. Moi qui n'ai pas connu les Noëls autour de grandes tablées, mon père aide-soignant travaillant souvent pendant les fêtes, je me nourris de ces repas que j'aime tant. Moi qui ai toujours connu mon père en froid avec ma grand-mère maternelle, j'ai enfin ce que je souhaite du fond du cœur. Noëls, anniversaires, vacances d'été, chaque occasion est bonne pour se retrouver et célébrer. Corses, ils ont un vrai sens de la famille, celui que je cherche depuis toujours, celui que j'ai à l'intérieur de moi depuis que je suis toute petite sans savoir pourquoi, et ils m'offrent ça, à bras ouverts, à cœurs ouverts, je suis accueillie et aimée malgré mes quinze ans de moins, malgré mes 18 ans, alors que son frère aîné pourrait être mon père.

Je vis, j'apprends l'amour, du cœur et du corps, j'apprends que le corps est autre chose que souffrance, autre chose que traumatisme. Qu'il peut être touché avec douceur, qu'il peut être regardé avec tendresse sans violence, qu'il est aussi une source de plaisir, c'est nouveau. Je ne veux pas travailler, j'écris énormément, je pose sur le papier entre poèmes et textes jetés comme ça, je pose ce qui me fait mal, exutoire enfin possible. Je veux juste m'occuper de nous, de son fils, le reste, on verra plus tard. Mauvaise belle-mère. Mon père a laissé sur moi une empreinte dont il me faudra beaucoup de temps pour me libérer. Je me surprends avec ce petit garçon à être parfois autoritaire, parfois dure, souvent intransigeante. Pourtant, je l'aime de tout mon cœur, alors j'essaie de reprendre le contrôle et quelquefois j'y arrive. Je m'occupe de lui… beaucoup, sa maman me laisse une place à moi, « l'adolescente » surgit de nulle part. Je me plais à lui faire découvrir la vie, j'adore l'entendre rire, j'adore son regard vert et ses cheveux tout raides. La nuit, chacun de ses soubresauts me réveille, chaque murmure de sa respiration me fait me lever.

Cette hyperacousie que j'avais déjà prend encore plus d'ampleur, rien ne m'échappe, j'ai peur pour lui, je veux le protéger, même si je m'y prends mal, même si je ne fais pas bien, je veille sur lui comme une louve, comme s'il était mon propre enfant. J'ai d'ailleurs toujours fait ça avec les enfants. Ma vie s'organise entre garde alternée et petits boulots dans Uzès. J'apprends à repasser correctement en aidant Marie-Paule au pressing, le photographe me demande de poser pour lui… et surtout ma vie de couple a une saveur toute particulière. On se parle gentiment, on sort, on vit, on traverse la France de part en part parce qu'il est jury dans des concours de coiffure, on s'aime, je découvre au creux de ses bras les plaisirs du corps, les caresses non imposées et le consentement qui change tout. Je deviens une femme – une *jeune* femme, mais une femme tout de même.

Je me calme, je m'apaise, je me voue totalement à lui, à eux, sans qu'il me demande rien, je veux des enfants, il me trouve trop jeune, me dit que de toute façon un jour je le quitterai parce qu'il est trop vieux. Je n'y crois pas une seule seconde, je lutte, impulsive, j'insiste, il résiste… sage ?

Des années durant, il entonne le même refrain et moi aussi.

Belles, les années.

C'est un samedi d'été. Nous partons avec son fils pour un magasin de sport d'une enseigne très connue. L'enfant doit avoir 6 ans. Devant l'entrée du magasin, une piscine hors sol, une équipe et un panneau « L'Enfant bleu ». C'est une période où j'ai envie de faire quelque chose, sans savoir quoi ni comment, mais le temps commence à me paraître long.

Son fils veut se baigner, l'équipe qui gère les activités lui propose je ne sais quoi et j'engage la conversation avec une dame.

Elle est la présidente de L'Enfant bleu-Nîmes, psychologue et psychanalyste, elle est présente sur place pour présenter l'action de l'association qui agit au profit des enfants qui subissent des violences physiques et/ou psychologiques.

L'association cherche des bénévoles pour différents postes, cette rencontre me plaît, rendez-vous est donné pour que je participe à la prochaine réunion d'information.

Je ne crois pas au hasard, je ne crois pas aux situations qui arrivent comme ça sans raison. Je crois que la vie nous apporte sur un plateau les situations dont nous avons besoin au moment où nous en avons besoin.

Qui aurait pu prévoir qu'aller acheter un maillot de bain ou un ballon de plage un samedi allait changer ma vie. Parce que E. a été la première à changer ma vie pour de bon et de manière radicale. E. a été la première à croire en moi, à comprendre comment je fonctionne et à me montrer le potentiel qui était le mien pour pouvoir le mettre aux services des autres.

À ce moment-là, je ne parle pas de mon haut potentiel et de ma douance, ni même de mon hypersensibilité, je ne sais même pas de quoi il s'agit, il m'a fallu encore plus de dix ans pour prendre conscience de ça… Le chemin est long et parsemé d'embûches.

En revanche, elle m'a accompagnée sur le début du chemin de ma reconstruction, étape après étape, elle m'a expliqué qu'on ne sort pas indemne d'un traumatisme, qu'il faut le panser, le chialer, le crier, le réparer pour pouvoir le regarder en face et continuer sans perte ni fracas, pas trop en tous les cas. Je crois qu'on ne peut pas aller vers la vie de manière sereine sans regarder de front ces histoires qui font entièrement partie de nous. Je sais aujourd'hui qu'elles restent à l'intérieur de nous pour toujours. En revanche, la force de l'accompagnement, la force des mots, ceux qu'on pose, c'est qu'au fil des années, les blessures deviennent moins lourdes à porter. Elles peuvent s'inviter çà et là dans notre quotidien parce qu'on ne peut pas les annihiler comme si elles n'avaient jamais existé. Le faire serait se confronter à un combat permanent avec soi-même qui n'a d'autre intérêt que d'être énergivore et destructeur. Au contraire, les regarder et les chérir, c'est admettre qu'elles font partie de nous et accepter avec douceur ce qu'elles induisent, le reconnaître et le comprendre.

Les accepter, c'est accepter qu'on ne puisse pas tout comprendre immédiatement, que le chemin puisse être long entre le moment où on est accompagné, aidé, le moment où on reconnaît et le moment où on accepte de les transformer en une amie bienveillante, parce que je crois que c'est ce dont il s'agit. Je n'aimerai jamais l'idée d'avoir été violée, évidemment, en revanche, je ne peux pas refaire l'histoire et je peux accepter que les traces qui restent me permettent aussi d'être celle que je suis aujourd'hui.

Quand je pense aux blessures, quand je pense à cette part de nous qui est fendue et qui le restera à jamais, me revient toujours à l'esprit et dans le cœur le *kintsugi*, cette technique japonaise qui consiste à réparer un objet cassé avec de la laque saupoudrée d'or. C'est ce que les Japonais appellent la « réparation en or », c'est symboliquement le principe de la résilience. On peut choisir de jeter un objet cassé ou on peut choisir de le sublimer pour le regarder différemment. Il ne sera plus jamais tel qu'il était au départ, mais c'est aussi cette fêlure qui le rend beau et unique, c'est cette craquelure qui le rend si exceptionnel. Ce traumatisme fait partie intégrante de nous et je reste persuadée que c'est « juste » comme ça que nous devons le regarder, comme une partie intégrante de nous, il n'est pas nous, il ne nous définit pas, il ne nous caractérise pas. Quel qu'il soit, on ne doit pas en avoir honte, on ne doit pas le dénigrer ou lui cracher dessus, on doit l'aimer et le chérir comme il le faut. Lui donner la place qui est la sienne, ni trop ni trop peu, pour qu'il ne vienne pas taper à la porte de notre cœur parce qu'on a oublié de le considérer.

Mais tout ça, je l'ai su après, tellement longtemps après. Et j'ai mis beaucoup de temps à accepter aussi que j'avais eu besoin, justement, de ce temps… long et indispensable.

Le premier samedi à L'Enfant bleu est une réunion de présentation, une simple réunion. Dix ou quinze personnes, réunies dans les locaux de l'association, une petite place dans le centre-ville de Nîmes. E. mène les débats, les explications. Son message est clair, percutant, passionnant. Elle est douce et charismatique. E., c'est la force tranquille, une main de fer dans un gant de velours. Rapidement, je l'admire, rapidement je veux être elle. Je veux son sens de la répartie, son humour parfois pince-sans-rire, je veux son intelligence, son sens de l'analyse, son aptitude à interroger, à questionner, à écouter, j'aime sa capacité à apporter des solutions rapidement, j'aime cette faculté à passer à l'action, à quitter le mental rapidement pour ne pas faire de notre cerveau notre propre ennemi.

Je retrouve tout ça chez Audrey, je l'ai retrouvé chez la psychanalyste qui m'a accompagnée si longtemps bien des années plus tard, S., comme je l'ai retrouvé chez V., amie de mon ex-mari et devenue assez rapidement plus qu'une amie, une sœur, mon roc, celle qui tellement de fois m'a empêchée de sombrer.

J'admire chacune de ces femmes, elles m'inspirent énormément et évidemment dire qu'elles ont embelli ma pratique et ma vie de leur façon d'être est bien peu à côté de tout ce qu'elles m'ont réellement apporté et m'apportent encore.

Audrey m'a appris qu'on aime chez l'autre ce qu'on possède soi-même. Comment ne pas aimer immensément cette vision ? Mon maître à danser disait toujours que nous sommes le miroir de l'autre et que l'autre est notre miroir, pour réfléchir il faut être deux. Dans ces deux perspectives se situe, à mon sens, la totalité de notre relation à l'autre. Il réfléchit nos valeurs, nos talents, nos compétences, il réfléchit ce que nous faisons de mieux et en bon ami aussi nos travers et ce dont nous ne nous vantons que très peu – c'est de bonne guerre ! L'autre est une part de nous qui nous renvoie au fur et à mesure de la vie nos possibilités et nos limites. Que faire quand on découvre qu'on va si mal ? Que plus rien n'est possible ? Quand nous sommes persuadés que nos champs de compétences sont à peu près de l'ordre du néant ? Qui est meilleur conseiller qu'un ami, capable de nous voir tels que nous sommes, aussi lumineux et sombres que nous pouvons l'être. Le lien que nous créons aux autres est ce qui nous permet de rester humains, c'est le soutien infaillible dans des moments tellement insupportables. Ces liens sont aussi à l'image de ce que nous avons envie d'apporter au monde de manière plus large, de ce que nous avons envie de donner, de notre manière de contribuer, petit pas après petit pas.

Souvent, je me surprends à me demander ce que feraient E., A. ou V. dans telle ou telle circonstance, elles sont mes modèles, mes repères, mes ancrages.

Je leur dois une partie de celle que je suis aujourd'hui et toujours cette même question : Je serais qui, si je n'avais pas croisé leur route ? De quelle façon aurais-je pu me construire, parvenir à être moi sans elles sur mon chemin ?

Pourtant, bien au-delà de la chance, il y a une part de responsabilité, ma part de responsabilité. On n'entre pas en relation avec tout le monde, on n'aime pas tout le monde. La relation est un savant mélange de partage, d'écoute, d'individualité, de respect de l'autre dans ce qu'il a de si différent de nous, cela demande beaucoup d'empathie et d'ouverture, cela demande de prendre sa responsabilité dans la relation, qu'elle soit professionnelle, amicale ou amoureuse, cela demande aussi de donner de soi.

Je me suis souvent dit que ma chance, c'est d'avoir croisé les bonnes personnes, au bon moment, que c'est ça qui m'a permis de ne jamais totalement m'écrouler.

Ça et la peur de moi-même, celle de ne jamais être capable de me relever si un jour je m'écroule…

Souvent, on me dit que j'ai de la chance de n'avoir peur de rien. J'esquisse un sourire… parce que, dans l'ensemble, j'ai peur de tout.

J'ai peur de la nuit, j'ai peur du vide, j'ai peur des sports extrêmes.

J'ai peur de changer les dizaines et dizaines de rituels qui me structurent totalement.

J'ai peur d'essayer, j'ai peur de ne pas essayer.

J'ai peur de dire oui à des projets et j'ai peur de les rater, j'ai peur de dire non et de m'en vouloir, j'ai peur du temps qui passe et qu'on ne rattrape pas.

J'ai peur de ne pas faire assez de choses et j'ai peur d'en faire trop…

J'ai peur encore et encore et surtout, les deux peurs qui m'habitent plus que tout… m'écrouler parce que je me crois totalement incapable de me relever et, bien plus que mourir, la peur de ne pas vivre.

J'ai peur de souffrir, mais je préfère souffrir que ne rien ressentir.

Ne pas vivre assez, vivre à moitié, vivoter. La plus grande de mes peurs, c'est celle-là. Je veux tout croquer, je veux tout accepter, explorer tout ce qui me plaît par-dessus tout pour ne pas vivoter.

C'est cette peur-là qui peut me faire faire des trucs qui paraissent paradoxaux, mais qui pour moi sont totalement raccords... je veux la routine et la folie, je veux un couple stable, puis j'ai peur qu'on s'endorme, je veux le cadre et le bordel, je veux danser, tricoter, faire du crochet, de la broderie puis une fois que j'ai acheté quarante pelotes de laine, parce que je passe à côté d'une jolie boîte d'aquarelle, je veux peindre, jusqu'à ce que je décide d'étudier la guitare ou le ukulélé... J'ai fait tout ça, je fais tout ça, c'est ma façon d'être au monde, c'est cette façon d'être au monde si spécifique à ce cerveau neuroatypique qui m'a fait me penser, pendant longtemps, totalement instable... Pourtant, il n'y a pas une once d'instabilité chez moi – non seulement il n'y en a pas, mais il y a surtout, je crois, une part de psychorigidité... gentille, la psychorigidité, mais un peu là quand même. Un peu *control freak*, un brin perfectionniste, carrément idéaliste. Croire plus que tout que je peux apporter ma pierre à l'édifice, croire à l'effet papillon, petite chose, grandes conséquences. Un idéalisme qui vacille quand l'injustice de la vie, de la société, quand la rudesse des hommes prennent le dessus. Un idéalisme qui me fait pleurer quand j'ai l'impression que tout le temps passé à bâtir de minuscules choses est réduit à néant par des systèmes politiques ou religieux. Un idéalisme couplé à un besoin de loyauté et de justice qui fonctionne finalement assez mal dans le monde dans lequel on vit. Alors, je requestionne tout, tout le temps, sans cesse, mes façons de faire, pourquoi les étoiles brillent, pourquoi la vie n'est pas différente, pourquoi je commence une séance comme ça, pourquoi je ne changerais pas tout… éviter l'enfermement, éviter un seul mode de pensée, éviter un carcan, des questions en permanence, des remises en question à n'en plus finir… certaines avec un vrai intérêt… d'autres pour lesquelles je me demande s'il est bien utile d'avoir un cerveau ! La docteure Fanny Nusbaum parle de philocognitifs pour évoquer ce système de pensées permanentes si propre aux neuroatypiques. Tout repenser en permanence, fascinant autant que fatigant et énergivore… Il m'a fallu attendre d'avoir presque 40 ans pour découvrir tout ça et surtout, surtout, il m'a fallu attendre d'avoir 44 ans pour vivre heureuse, aussi avec tout ça… pour trouver une forme d'équilibre dans ce qui peut paraître tellement déséquilibré, il m'a fallu arrêter de vouloir tout gérer, aux sens propre… et figuré.

Mais d'abord, il faut tout régler, il m'a fallu tout régler…

Ne pas avoir honte, ne plus avoir honte…

À L'Enfant bleu, pendant des années, j'apprends. E. m'apprend. Elle m'apprend à comprendre, elle m'apprend à écouter, elle m'apprend à faire, elle m'accompagne dans le faire. Elle me parle de psychanalyse, de psychologie, elle m'explique ce qui se joue chez les enfants et les adultes, me montre comment ça joue. Je lis, je m'informe, je nourris ma curiosité, je suis avec les enfants. Au-delà des livres, avec elle, j'expérimente. J'anime des ateliers auxquels elle me forme, elle est avec moi en permanence. Je ne sais pas à quel moment elle a compris, je ne sais pas ce qu'elle a vu.

Toutefois, en y pensant, j'esquisse un sourire… toutes ces fois où j'ai accompagné quelqu'un, tant de fois j'ai vu sans rien dire. Tant de fois mon intuition m'a donné la clé et j'ai gardé pour moi. Accompagner, selon moi, ce n'est pas dire ni dévoiler, accompagner, c'est être là, à côté, soutenir, guider, contribuer, jusqu'à ce que la personne trouve son propre chemin, jusqu'à ce que pour elle, ce soit le bon moment, le moment juste pour son cerveau.

C'est amusant de voir l'étymologie latine du verbe accompagner. Le Larousse nous dit : *ad*, mouvement, et *cum pane*, celui qui mange le pain avec.

Autrement dit : manger le pain avec l'autre ; pas donner le pain à l'autre, pas le lui mettre dans la bouche… accompagner, c'est une danse à deux, un mouvement…

Quand je forme des coachs et des thérapeutes, l'écrire m'émeut… Quel chemin pour en arriver là… des femmes merveilleuses et des hommes aussi, que j'ai rencontrés pour en arriver là. Mon chemin n'est pas fini, évidemment, et je l'espère encore très long, mais aujourd'hui je peux dire que je suis extrêmement fière de celui que j'ai parcouru.

Quand on apprend à être coach, thérapeute, accompagnant de manière plus générale, je trouve qu'on a parfois tendance à confondre « accompagnement » et « sauvetage ». On voit, on veut dire ce qu'on a vu à la personne… mais c'est du sauvetage, ce n'est pas de l'accompagnement, j'irais même au-delà, c'est l'ego qui s'immisce, c'est notre besoin de reconnaissance qui vient taper à la porte. Si on dit à la personne qu'on accompagne ce qu'on a perçu, alors on est reconnu comme un bon thérapeute, comme un coach efficace… mais ça, c'est l'ego ; c'est ce que j'apprends aux coachs et aux thérapeutes que je forme. L'intelligence du cœur, l'écoute vraie, l'accompagnement juste, c'est être là pour l'autre, avec l'autre, et c'est surtout lui laisser le temps de découvrir avec ses propres yeux, de constater avec son mental et son cœur et surtout, de ressentir avec son corps, c'est lui laisser le temps de prendre ce temps, sans le forcer ou lui imposer quoi que ce soit.

— Oui, mais j'ai vu ça, si je ne le lui dis pas, il n'avancera pas…

— S'il ne le voit pas, c'est qu'il n'est pas prêt… Donne-lui le temps, offre-lui le temps, offre-lui ce sublime cadeau de pouvoir prendre le temps, son temps.

Respecter l'autre, c'est respecter son temps, son rythme, sa cadence, c'est accepter de ne pas diriger, c'est accepter d'accompagner et par la même occasion, le respecter dans toute sa personnalité. De mon point de vue, c'est quand on est capable de faire ça qu'on devient un excellent accompagnant.

« Ne fais pas à ma place, apprends-moi à faire. »

E. fait ça. E. m'apprend ça, comme me l'enseignera aussi plus tard Audrey, *queen* en la matière !

Je ne sais pas à quel moment E. a compris, mais je sais qu'elle a compris, sans rien me dire, sans me pousser à parler, en m'accompagnant.

Je m'allonge sur le canapé, des heures durant, je repasse ma (courte) vie à travers le prisme de la psychanalyse. Elle m'explique les rouages, les pourquoi, les comment, chaque étape est passée au peigne fin. Dans la lumière dorée de la fin de journée montpelliéraine… E. travaille tard le soir, dans le silence reposant du début de la nuit, quand le vaste monde choisit le cocon douillet de son foyer, je détricote ma vie, je détricote mon passé et longuement je parle du viol. D'abord, je pense que je délire, que j'invente, que plus je ressasse, plus je modifie, je crée des situations, des scènes et plus je navigue entre la honte et la culpabilité. Les deux sont très liées.

C'est une gifle violente quand je prends conscience que mon silence condamne peut-être. D'autres enfants, d'autres jeunes filles, d'autres femmes.

Et puis, la honte. Ce que je fais est minable. Pendant que je réfléchis à ma condition, couchée sur cette méridienne douce, combien souffrent encore à cause de moi ?

Combien ont souffert à cause de moi ?

Combien souffriront à cause de moi ?

« À cause de moi » restera longtemps. Parfois, encore, quand j'y pense, il revient comme une petite voix culpabilisatrice et contre laquelle je ne peux rien. Même des années après, alors que j'ai conscience du chemin qui a été le mien, même des années après, avant d'entrer sur ce plateau télé à une heure de grande écoute, je me suis posé la question de savoir qui je suis pour en parler alors qu'« à cause de moi ».

À cause de moi…

Est-ce que je mens ?

Qu'est-ce que j'ai fait de mal ?

Pourquoi moi ?

Qu'est-ce que j'aurais dû faire ?

Comment aurais-je dû agir ?

Dois-je me taire ?

Dois-je parler ?

Les questions qui reviennent encore et encore pendant les séances, en boucle, toujours et encore. Anxiogènes, déstabilisantes, entêtantes, sans réponse.

Sauf une : est-ce que je mens ?

Avec douceur, j'accepte l'inacceptable, un enfant n'invente pas. Ni le sordide, ni le sale, ni la violence, un enfant n'invente rien de tout ça. Je tente de ne pas tout tourner en boucle à l'infini pour rester au plus proche du vrai, et mes souvenirs sont tellement précis que j'ai la sensation de vivre encore et encore la scène en la lui racontant. Mes sens sont exacerbés, les couleurs sont présentes de manière très distincte, le son de sa voix, le bruit des pages qu'on tourne du magazine qui traîne sous le lit. La sensation de sa peau sur ma peau, la respiration qui se coupe, les larmes de petite fille que je ravale, le sourire que je pose, après, chaque fois, sur mon visage, le mouvement des corps, l'obscénité de la scène, les liens, les odeurs, tout est là, et puis la colère qui monte, la rage qui m'envahit. Cette colère qui m'habite, qui s'installe, pour ne laisser place à aucune autre émotion. La colère est une émotion sournoise, elle pose ses valises et nous fait perdre totalement notre bon sens. À force de la nourrir, nous oublions contre qui elle est tournée. Alors, en colère contre le monde entier, on perd pied. De grosses crises en mots acerbes, elle a un éventail large d'aigreur et de ressentiment. La nier est dangereux, ne pas vouloir la ressentir est une erreur qui finira par nous rendre malades. Elle est indispensable – usante, mais indispensable. Une colère qui ne s'est pas exprimée se mue souvent en une agressivité permanente, douloureuse, une aigreur qui ne nous quitte plus contre le monde, la vie, les autres et finalement, surtout contre soi.

On repasse tout, pendant longtemps j'alterne entre les crises de colite et les crises de spasmophilie, je vomis de la bile, j'ai les intestins qui se vrillent, je souffre de douleur des heures durant, puis ça se calme jusqu'à la crise suivante.

Mes larmes coulent, inarrêtables, des sanglots d'enfants, chauds, lourds, puissants de ce qu'ils ont à dire, violents de tristesse et d'horreur.

Est-ce que la petite fille que j'ai été me pardonnera un jour ?

En même temps, je sais que j'avance, j'évoque mon éducation, mes parents, je leur en veux de n'avoir rien vu, la colère est là. Elle passera, laissera la place à la compréhension puis à l'acceptation. Je leur reproche d'être passés à côté, trop concentrés sur mon dos qui d'ailleurs se remet à me faire souffrir, trop concentrés sur leur couple qui n'en était pas un. À quoi bon m'empêcher de tout et ne pas voir l'essentiel ?

Je m'en veux de ne pas leur avoir dit, je m'en veux de ne pas avoir fracassé cet équilibre qui était déjà totalement instable.

Je m'en veux d'avoir eu peur de leur parler. Je m'en veux d'avoir maintenu tout ça alors que ça n'était pas mon rôle… C'est fou, cette conscience instinctive.

Si je bouge, si je parle, je fais écrouler tout le système… « Juste » parler n'est pas possible. Consciente que ma parole, comme un château de cartes, enclenchera une suite de traumatismes autres que les miens. Sa famille, sa mère, son père, ses sœurs, son frère, ses neveux et nièces, ma mère, mon père, ma famille, c'est tout le monde qui sera touché. Le principe de la systémie. Nous vivons dans un environnement qui est forcément touché chaque fois qu'un acte ou une parole inhabituelle apparaît. Le principe de la systémie est absolument fabuleux. On ne peut pas faire changer le comportement de l'autre, mais si on change un de nos comportements vis-à-vis de l'autre, alors le sien va changer aussi. Nous sommes interdépendants, il ne faut jamais l'oublier !

Je me questionne et, en même temps, ma vie est là, bien présente, un homme, un petit garçon, mon besoin d'avancer, de projets, ma peur de ne pas exister, encore et encore.

Je suis totalement perdue. Plus j'obtiens des réponses, plus je vois et plus je suis perdue.

J'ai besoin de travailler, de me retrouver dans un environnement qui me permet de penser à autre chose, de créer une autre structure, qui me permet de me regarder autrement, de créer un autre cadre, mais un cadre.

Je ne veux plus étudier, plus apprendre, plus penser, je veux un cadre. Je veux arrêter d'avoir mal. Arrêter de ressentir.

L'hôpital de Nîmes recrute, je ne sais même plus pourquoi, mon père y est aide-soignant, trouve que c'est bien pour moi, je postule, je suis retenue. Je me confronte à la maladie, à la vieillesse, je lave des personnes âgées dans une maison de retraite. C'est âpre, violent, et mes hyperesthésies sont mises à rude épreuve… Je ne voulais plus ressentir…

Mais je tiens… Le week-end, les enfants de L'Enfant bleu et mon petit bonhomme qui n'est pas à moi du tout ; la semaine, les personnes âgées à nourrir, à laver, à qui donner une fin de vie plus douce – en tous les cas… tenter. J'aime l'ambiance d'équipe, j'aime l'énergie qui nous lie et pendant les huit ans durant lesquels j'ai travaillé à l'hôpital, j'ai aimé ces équipes. Ce petit quelque chose en plus quand on sait que chaque seconde et chaque minute on est face à la vie puis face à la mort. Quand on a conscience de ça, les situations se vivent différemment.

J'ai mal au dos, de plus en plus, depuis des mois, bien avant de travailler à l'hôpital.

Des jours entiers sans pouvoir me lever, sans pouvoir bouger, des jours entiers à pleurer, mais je résiste, mon père me dit que c'est psychosomatique, et j'écoute toujours mon père…

Dans ce rythme un peu fou, je continue le théâtre et je commence la compétition en boogie (pour une mystérieuse raison, car j'ai horreur de la compétition) en plus des cours de danse de société que je prends depuis des années, depuis que je suis devenue la championne des bals de village avec ma grand-mère ! La bonne nouvelle, c'est que J. aussi aime danser, alors on danse, au cas où je m'ennuierais.

J'ai de plus en plus mal au dos…

Je finis par prendre rendez-vous avec le docteur Milon. C'est lui qui m'a opérée la première fois avec le professeur Pous, qui est décédé entre-temps. Personne ne touchera à mon dos à part Eric Milon, c'est un médecin qui a été génial pendant mon hospitalisation et j'ai une confiance aveugle en sa parole. D'ailleurs, c'est toujours lui qui me suit… quasiment trente-cinq ans après. Depuis quelques années, il consulte à Lyon.

Qu'à cela ne tienne, j'irai à Lyon.

Rendez-vous en avril.

Bilan complet.

— Tu vas faire un bilan cardio avant de quitter la clinique, je t'opère en juillet.

— Pardon ?

— Il faut enlever le matériel, ce n'est pas normal que tu souffres comme ça.

Intelligence du soignant ? Il ne me dit rien de plus, pourquoi m'inquiéter ?

Juillet, clinique du parc, épuisée, congés annuels (je n'ai pas voulu me mettre en arrêt maladie), ma mère avec ses musiques de méditation que j'envoie bouler assez systématiquement, mon père qui râle, encore et encore jusqu'à ce que je finisse par le sortir de la chambre.

Opération.

Retour en chambre.

Aides-soignantes totalement surblousées et masquées qui viennent m'apporter mon repas.

Mauvais timing, le docteur aurait dû passer avant, il vient après.

— Tu sais que ce matériel a été bien plus chiant à enlever qu'à poser ? J'en ai bien bavé.

Je n'ai aucun doute là-dessus, sept heures d'opération et des tiges en titane totalement greffées sur la colonne à découper et scier en essayant de ne pas me clouer à vie sur un fauteuil. Je ne suis pas d'humeur à discuter, je n'ai pas d'humour, je sens qu'un truc se trame en fond et j'ai besoin de savoir de quoi il s'agit.

— Pourquoi toutes les aides-soignantes sont-elles entrées dans ma chambre habillées comme ça ?

Blanc.

— Tu as attrapé un staphylocoque la première fois au bloc. C'est sa présence sur les tiges en titane qui te fait souffrir, il repère un corps étranger et te protège, en quelque sorte.

Papa, ton truc psychosomatique, on en parle ou pas ?!

— Et donc ?

— Tu pars pour deux ans d'antibiothérapie à haute dose. Tu vas devoir ménager ton dos. Plus de danse, du repos, du repos, du repos.

Je fonds en larmes.

Je n'en peux plus.

Trois semaines au calme dans une maison de repos qui était surtout une maison de retraite. Je craque au bout de la deuxième semaine.

Retour à la maison. Antibiothérapie, flore intestinale détruite, flore vaginale avec, d'autres douleurs, rien de méchant. Deux ans…

Le médecin du travail me déclare inapte à soulever des personnes âgées. Je me retrouve à l'accueil de l'hôpital.

Je continue L'Enfant bleu. Je continue à m'allonger sur le divan régulièrement, je continue à avoir honte, mais moins, de moins en moins, et la colère s'adoucit également.

Je commence à accepter que je n'y suis pour rien, que tout ça fera partie de mon histoire à jamais, mais que ça ne me définit pas. J'adoucis mes pensées, mes ressentis, je n'en veux plus à mes parents. Je pleure beaucoup, énormément. Je verse les larmes que la petite fille n'a jamais pu verser, je les pleure toutes. Je pleure pour elle, je l'écoute, je l'accueille, je l'embrasse, petit à petit, je commence à digérer ce viol. Alors, d'autres questions se posent. C'est l'avantage de la pelote… quand on commence à tirer le fil, il faut tout dérouler.

En parler ?

À qui ?

Porter plainte ?

Faire un procès ?

Encore un cap dans l'acceptation et dans l'avancée et l'important, c'est d'y aller étape par étape, mais je l'ignore totalement. Tout vient en bloc dans mon cerveau. Comme si le mental et l'émotionnel se court-circuitaient en permanence. Comme si penser sans cesse et ressentir sans cesse m'empêchait finalement d'agir. Parce que le mental a cette faculté à ruminer pour que je n'agisse pas, pour que je me contente de tourner en boucle ce qui me pèse à l'envie. À l'infini.

Le moment est venu de parler.

Parler, c'est grandir un peu

Même si ça fait mal. Même si ça fait extrêmement peur, le moment est venu de parler, de passer à l'action, d'arrêter de tourner en boucle indéfiniment sur les mêmes douleurs, le moment est venu de les déposer, parce que tourner en rond ne fait pas avancer, jamais. Je me cache derrière l'écriture. J'écris, beaucoup, énormément, des poèmes, des textes. Je me réfugie derrière les cartes de tarot, derrière les runes. Je disparais derrière les livres tout en sachant qu'en faisant ça, je me condamne. E. m'accompagne, encore et toujours, mais elle ne peut pas danser à ma place, elle ne peut pas aller plus vite que ma musique, elle me laisse prendre mon temps, patiemment.

Maman ?

Papa ?

À qui parler en premier ?

Porter plainte ?

Procès ?

Aller le voir ?

C'est toujours le vide ou le trop-plein dans ma tête. Le trop-plein crée le vide qui crée le trop-plein… Il arrive un moment où se cacher ne sert à rien.

Je ne sais pas parler.

Je n'ai pas appris à parler.

J'ai appris à me taire, ça, je maîtrise.

Je dois apprendre à parler. Pour aujourd'hui, pour demain, pour plus tard et pour la vie entière, je dois savoir parler.

Comment on fait ?

Encore aujourd'hui, dans certaines situations, parler me coûte. Quand on me connaît, lire cette phrase peut paraître complètement hallucinant. Parfois, je me compare à un clown triste. Je suis capable d'amuser la galerie, de parler pour parler. Je suis capable d'argumenter, de négocier, mais parler « pour de vrai », c'est un exercice qui me demande un effort. Je le fais, de plus en plus, mais ça n'est pas facile. Parler induit de donner son avis, parler induit une prise de risque, parler induit d'élaborer une pensée et dans ces cas-là, j'ai souvent l'impression que mon cerveau se brouille totalement. Élaborer une pensée s'apprend, je le fais, jour après jour. La peur resurgit souvent, j'ai besoin d'un temps parfois assez long pour revenir au calme. Alors, je trouve des manières douces qui me conviennent. Je me donne le temps, de ne pas répondre tout de suite, de digérer pour mieux revenir, parfois ça prend du temps, mais on fait comme on peut. J'ai appris que le temps comme le silence font partie de la parole, qu'ils sont nécessaires à la guérison, préliminaires à l'acceptation.

J'ai 27 ans, personne n'est au courant, ça ne peut plus durer.

Ma mère a rencontré celui qui deviendra mon beau-père. Est-ce que je la sens plus forte, plus prête à affronter cet ouragan qui s'apprête à s'abattre sur elle ? Je ne sais pas, mais je sais que le moment est venu.

— Maman, j'ai été violée.

— …

J'ai totalement oublié notre conversation. Je sais qu'elle m'a crue à la première seconde. La seule chose dont je me souviens, c'est qu'elle m'a demandé si j'avais porté plainte.

— Le délai de prescription est passé, je ne peux plus porter plainte.

Tout ce temps… ce n'était pas si difficile à dire pourtant.

Pour mon père, j'ai souvenir de lui avoir envoyé une lettre.

Au téléphone, il y a quelques mois pour un sujet tout autre, il m'a dit qu'il n'était pas au courant. Quand il m'a demandé, agacé et autoritaire, pourquoi je ne lui avais rien dit, je me suis d'abord excusée, petite fille qui a encore fait une bêtise ; en prenant conscience de ma réaction, l'autre comme un miroir, j'ai repris ma place de femme, d'adulte, puis la peur de toutes ses réactions est venue à nouveau taper à ma porte et c'est la réponse que je lui ai faite.

— Peut-être parce que je voulais éviter cette réaction, peut-être parce que j'avais peur de toi.

Un échange qui résonne comme un non-échange. Une relation qui n'en est plus une depuis tellement longtemps…

Voilà. J'ai dit. J'ai parlé. Qu'est-ce que ça change ? Dans l'absolu, pas grand-chose, un poids que je pose. Mais je trouve que c'est trop tard, que ça ne sert à rien et à personne et surtout, je perds le contrôle totalement.

Fondamentalement, rien. Intrinsèquement, tout. Je veux que ça aille vite, tout le temps, pour tout. Je veux que ça aille mieux, tout de suite. Je veux garder le contrôle, organiser, ranger, tout mettre à sa place, je veux ranger ça dans un tiroir et ne plus jamais y penser ! C'est mon mode de fonctionnement, le système qui me rassure, mais je ne le vis pas comme ça à ce moment-là.

Ce que je veux, c'est aller mieux, tout de suite.

Je ne suis pas coupable, je ne suis pas coupable, je ne suis pas coupable, je ne suis pas coupable, je ne suis pas coupable…

Je ne sais pas qu'il faut du temps. Je n'y pense même pas. Je ne l'imagine même pas. Le temps est aidant, structurant, reposant. Le temps, encore une fois, est indispensable.

Une autre question se pose… Dans quelles situations ce traumatisme joue-t-il dans ma vie ? À quel degré ?

Ma peur de ne pas être aimée ?

Mon manque de confiance ?

Le fait que je sois nulle en tout ?

Mon incapacité à me trouver intéressante ?

Toutes ces choses que j'aurais voulu apprendre sans réussir ?

Mon inculture ?

Pour toutes ces questions-là, il me faudra encore patienter dix ans avant d'avoir les réponses.

Je veux quatre enfants. J. me trouve trop jeune, me répète inlassablement que je vais finir par le quitter, qu'il va vieillir, que je suis très jeune… encore et encore le même discours, encore et encore la même rengaine. Je ne veux pas entendre ça, je sais que je grandis…

Trop jeune, trop sensible, trop impulsive, trop spontanée, pas assez réfléchie, pas assez forte.

Encore et encore.

Trop ou pas assez, je ne veux plus de ce manichéisme qui me nourrit pourtant sans que je sois capable de m'en détacher.

Je veux quatre enfants, j'ai 23 ans, le premier maintenant – il me répète que je vais finir par le quitter.

Je finis par lui donner raison.

Ma première grande histoire se termine après sept ans et beaucoup d'amour. Je lui en veux de ne pas me croire capable d'avoir cette place, je lui en veux de m'avoir poussée à partir. Avec le recul, je sais que ce n'est pas du tout ce qu'il a fait, mais à 25 ans comment penser autrement ?

Il est temps de grandir différemment, seule.

En suis-je capable ? Non.

Nourrie pendant toutes ces années par sa famille, vacances, Noël, été, hiver, j'ai trouvé un cadre rassurant que je quitte sans connaître ma prochaine direction, mon prochain port.

Je ne suis pas bien, je ne m'aime pas, je ne me supporte pas. Je ne sais pas où je vais.

Professionnellement, ce n'est guère mieux, je m'ennuie. Mutée à l'accueil du centre hospitalier, je ne trouve absolument aucun sens à mes journées. J'ai arrêté le théâtre, qui est trop loin de chez moi, impossible de m'organiser.

Je danse de plus en plus, j'enchaîne les cours, les danses, les soirées, les jours, les nuits… C'est vital, j'en ai besoin.

« Bonjour, la chirurgie cardiaque ? À droite au deuxième étage. »

« Bonjour, l'orthopédie ? Quatrième à gauche. »

« Bonjour, voilà vos étiquettes. »

« Bonjour… je ne sais pas où est la chirurgie digestive… et c'est bien dommage, parce que là, je ne digère pas du tout… »

L'équipe de l'accueil est chouette, l'hôpital est une « grande famille », on est plus de quatre mille à l'époque, dans une petite ville comme Nîmes, inutile de dire que tout le monde se connaît… partout…

Nouvelle lubie (un peu ma spécialité, les lubies, mais je m'ennuie tellement que j'en ai besoin). Je suis allée passer deux jours pour un remplacement à la direction des affaires médicales, le service qui gère la carrière des médecins, petite équipe, activités variées, ça me change carrément, je ne fais plus le GPS, je veux être mutée ici !

Le directeur est agréable, compréhensif, à l'écoute, je lui expose mon projet, plus précisément, j'argumente ma nouvelle idée. J'oublie que je suis jeune dans ce milieu bien établi... D'ailleurs, ce n'est pas que j'oublie, je n'en ai même pas conscience. Je fonce, tête baissée. Je ne prends pas de gants, je ne vois pas ce que je fais de mal, d'ailleurs je ne fais rien de mal... Ah si, je veux progresser... et ça, c'est plutôt mal vu sauf pour le directeur qui sent un je ne sais quoi dans mon enthousiasme et qui me fait une proposition :

— Je vous donne deux mois pour faire vos preuves. Vous remplacez l'assistante de direction pendant l'été. Vous devez savoir organiser, taper rapidement, écouter, mettre en place, aller vite... Si vous relevez le défi, je trouve une solution.

Qu'à cela ne tienne. Je m'inscris au CNED (Centre national d'enseignement à distance), avant qu'on se forme par Internet, avant Zoom, avant les *digital nomad* ! Je reçois ce qui ressemble à deux armoires de classeurs, cours, contrôles en tous genres (vive Internet !!)... et je fonce. Je m'entraîne quotidiennement à taper sur l'ordinateur sans regarder mes doigts. Je fais des concours de rapidité de frappe (le truc qui ne sert globalement à rien, si ce n'est à me permettre d'avancer un peu plus vite pour écrire ce livre [Ah si, ça sert à autre chose, à impressionner quand les gens me regardent taper... pour une mystérieuse raison, je ne le cache pas, mais ça impressionne... on impressionne comme on peut]), et en même temps, je continue à me former à la psychanalyse avec E. à L'Enfant bleu...

Vous avez dit besoin de me nourrir ? Ne coupez pas !

J'ai donc obtenu un diplôme d'assistante de direction *via* le CNED en moins de temps qu'il n'en faut pour le dire. Même le directeur a été bluffé ! Je suis retournée quelque temps à l'accueil, le temps qu'il organise le service et prépare ma venue à la direction que j'étais tellement heureuse de rejoindre. Le temps que les équipes de l'accueil m'accusent de promotion canapé… C'est dommage quand j'y pense, le directeur était bel homme ! Pendant que j'apprenais par cœur « azerty », les mauvaises langues écrivaient mon histoire. Je fais gloups, je ravale la boule qui me traverse la gorge, je pleure beaucoup. Je tente de me justifier, en vain, un petit coup supplémentaire sur la confiance en soi, mais ça va aller. Je rejoins donc mon nouveau bureau, ma nouvelle petite équipe (deux autres assistantes) et j'adore cette multitude d'activités… Mais le directeur s'en va et celui qui lui succède est beaucoup moins compréhensif, beaucoup moins à l'écoute, beaucoup moins ouvert et beaucoup moins bel homme, mais ça, on s'en fiche.

— Vos collègues ont plus d'expérience que vous. Vous êtes très jeune. Vous êtes trop jeune.

— ???

— Vous n'avez pas toutes les compétences.

— Je viens d'arriver, mais j'ai fait mes preuves.

— Vous êtes vraiment très jeune…

Je comprends que cette idée de « jeune » lui pose un réel problème – sans comprendre pourquoi.

Il n'en reste pas moins qu'en quelques mois, il nous retourne à l'envoyeur, ma jeunesse et moi, à l'accueil en m'expliquant que je pourrai revenir… dans quelques années quand je serai moins jeune. L'injustice me rend totalement dingue !

Retour à l'accueil, mon père me conseille de passer le concours des cadres et je me mets à imaginer ma vie en remplissant des emplois du temps et des congés maladie.

Non, ça va, merci, pour le concours des cadres

— Mais…

— Non, vraiment pas, sans façon.

OK, mais je fais quoi ? Je me remets à faire le GPS ?

Parfois, les planètes finissent par s'aligner. Un poste se libère à l'accueil des urgences, je viens d'être titularisée à l'hôpital…

— Tu es fonctionnaire, bravo, ma fille !

— …

— Tu es tranquille pour toute ta vie.

Et moi, cette idée de tranquillité pour toute ma vie me terrorise, rien de moins. M'imaginer dans cet hôpital pendant les quarante prochaines années m'angoisse, la peur de m'ennuyer, l'incompréhension du système… Je suis raccord à peu près avec… rien. Seulement quand on a la confiance en soi dans les chaussettes, faire changer les choses, envisager un autre possible (ne serait-ce que l'envisager), est impossible, c'est déjà bien d'avoir un travail.

Je me pose des milliards de questions, j'ai l'impression que je suis dingue. Quand je regarde autour de moi, tout le monde a l'air heureux de sa condition à l'hôpital et dans l'absolu, ce n'est pas si mal. Un boulot, un salaire, des congés payés, des avantages incontestables… Pour ma part, je n'en vois aucun.

Le moment n'est pas venu pour avancer, je suis trop figée dans mes peurs pour en faire quelque chose, engluée dans un système qui me mange par petits bouts.

Engluée dans un système que je laisse me manger par petits bouts, c'est plutôt ça que je devrais dire.

Maître dans la crise de colite, je passe des jours et des nuits tordue en deux. J'alterne les antispasmodiques et un anxiolytique connu… coupé en quatre, coupé en deux… puis entier, la nuit, pour réussir à dormir.

Je souris… Papa a dit : « Dans la vie, quoi qu'il t'arrive, souris. » Je souris.

Je danse beaucoup… J'ai besoin de ressentir, et la danse m'apporte ça… Ma vie me file entre les doigts, sentiment de solitude, d'échec permanent, sensation de plus en plus présente que je ne réussirai rien et que je resterai à jamais spectatrice de ma vie.

Je vais bien, vraiment…

Un festival d'amoureux et accessoirement de larmes…

J'ai un diplôme d'assistante de direction… qui ne me sert à rien. Je termine un cursus de psychanalyse… à quoi bon ? Je me sens totalement décalée, c'est comme ça que je prends mon poste à l'accueil des urgences.

Les urgences… un hôpital dans l'hôpital… Les entrées qui s'enchaînent, vingt-quatre heures sur vingt-quatre, du léger, du drôle, de l'improbable… mais aussi et surtout, du lourd, du très lourd, du grave, du violent que je prends de plein fouet tout le temps. Mais le cerveau a cette capacité magique de permettre de gérer la situation dans l'urgence, sans trop se poser de questions puis de donner à digérer le soir, la nuit, quand, le calme revenu sous la douceur des draps, je mesure les journées que je passe.

Inutile de décrire l'indescriptible des urgences, mais les années que j'y ai passées m'ont indéniablement rappelé – je l'avais appris quand j'étais hospitalisée avec les ados – que la vie ne tient qu'à un fil, qu'à un battement de cœur, que rien n'est plus fragile que notre vie… Évidemment, on le sait, évidemment, nous avons conscience de ça, mais combien de fois par jour avons-nous tendance à l'oublier, à le zapper un peu, au profit de nos râleries et mécontentements ?

Je crois que les urgences donnent aux équipes qui y travaillent une énergie très spécifique. Une foi en la vie, une envie de vivre assez particulière et un rapport à la solidarité de groupe très fort. Aux urgences, je travaille avec des équipes formidables, dévouées à leur cause. Des aides-soignants, des infirmières, des médecins, des pompiers, tout le monde accomplit sa mission de vie… son *ikigaï*, tout le monde sait pourquoi il a choisi ce service. On ne travaille pas aux urgences, on décide d'apporter un morceau de soi, pendant un temps donné. On choisit de se confronter à ses propres peurs, à ses propres fragilités, on choisit de mettre son ego de côté, quelques secondes, quelques minutes, parce que la priorité, c'est l'urgence!

À l'accueil, nous sommes aux premières loges et souvent, je préférerais être en coulisses!

Tout bouge, tout le temps, je ne m'ennuie pas, et puis on s'amuse quand même beaucoup… soirées, apéros, c'est un spectacle permanent. Une pièce de théâtre qui ne se termine jamais et moi j'aime le théâtre, j'aime le mouvement, j'ai un besoin viscéral de mouvement. Les uns viennent, les autres partent, les médecins changent, les internes alternent, je me trouve toujours aussi nulle et moche, mais j'ai envie d'être aimée, j'ai besoin d'être aimée, je suis amoureuse de l'amour, je veux être amoureuse!

Je devrais mettre plus d'énergie à m'aimer moi-même, mais c'est un autre sujet.

Depuis ma séparation, mes histoires d'amour n'en sont pas, je suis tombée amoureuse d'un homme marié, d'un pompier pas séparé, d'un rugbyman trop occupé par son ballon ovale, d'un aviateur totalement obsédé par son manche (au sens propre… et par ricochet hélas un peu au figuré)… Comme je suis fleur bleue dixième dan, je pleure beaucoup sur mon sort… Personne ne m'aime, ils sont tous odieux avec moi, vraiment j'ai raison, je vais finir seule.

Je danse, toujours beaucoup, terrain de jeu amoureux parfait, mais aussi destructeur : rockeur, salsero, tanguero… un festival d'échecs en tous genres et de larmes au point que je finis par me demander s'il va m'en rester assez pour toute ma vie (des larmes, pas des amoureux) !

J'alterne le boulot, les soirées, la danse, et je recommence.

Ma mère s'est installée avec mon beau-père et je suis ravie de retrouver l'ambiance d'un foyer calme, d'une famille recomposée.

Je vis seule dans une petite résidence nîmoise, un peu de confiance en moi pour construire une histoire d'amour stable et chouette ne serait pas de refus… mais ça n'est pas prévu au programme. Je continue plutôt à manger quelques murs…

Tomber amoureuse de mecs brillants, c'est mon credo !

J'ai élaboré une théorie assez simple : je suis débile, inintéressante, inconsistante, si je tombe amoureuse d'un mec brillant, je pourrai me cacher derrière lui et personne ne réalisera le subterfuge (pas même lui). En l'écrivant, je ris. C'est vrai qu'un mec brillant a envie de passer sa vie avec une grosse débile ! Vraiment, ça se tient.

À ce moment-là, je le crois.

Je tombe amoureuse d'un dentiste canon, ami de mon ami O. La trentaine heureuse, mais quelque peu tourmentée (je l'apprendrai à mes dépens évidemment), cheveu poivre et sel, regard transperçant oscillant entre le bleu, le vert et le gris, totalement raccord avec sa blouse de consultation, je tombe sous le charme. Mes dents vont bien, promis, elles ne mordront pas les papillons qui s'agitent au fond de mon ventre.

Heureux hasard ? Alignement des planètes ? Concours de circonstances ou simplement O. qui joue les entremetteurs, je ne sais plus, mais ce que je sais, c'est que sa voix douce et suave retentit dans ce restaurant d'une toute petite rue nîmoise agrémentée de quelques bulles de champagne, et ce qui devait arriver arriva !

Il est fou de belles voitures… allemandes et luxueuses de préférence, d'un homme politique dont je tairai le nom et de montres. Je me suis toujours dit qu'un passionné de montres est avant tout quelqu'un qui a besoin de contrôler le temps, de l'avoir sous sa coupe, sous son emprise en permanence, de le maîtriser… mais cette imagination n'est que la mienne évidemment. Quoi qu'il en soit, « mon » dentiste est très pris et encore un peu ou beaucoup épris… Il termine une histoire d'amour de longue date et n'attend de nous que bagatelle… Je ne le vois pas de cet œil (fleur bleue, tout ça, tout ça)… Joueur de golf de surcroît, il passe me voir chez moi le samedi quand je ne travaille pas, reste un peu, puis repart comme il est venu arpenter le « parcours » au volant de sa grosse cylindrée… J'organise mon temps pour lui, pour dîner avec lui, pour être avec lui, en vain… Je pars chez ma cousine pleurer et lui écrire des envolées lyriques et désespérées que je ne lui donnerai jamais.

Fiasco monumental ! Je l'attends, il joue au golf. Si je maîtrise la fleur bleue attitude, il n'en est pas de même pour le « fuis-moi je te suis, suis-moi je te fuis ».

Je le suis, il me fuit, c'est merveilleux ! La seule chose qui viendra sécher un peu mes larmes, et aggraver sans nul doute mon karma, c'est le plaisir que j'ai pris à le voir emboutir sa grosse cylindrée en partant de chez moi un samedi, un peu déstabilisé par nos ébats. Le bonheur tient parfois à peu de choses, c'est moche. Cette histoire qui n'en est pas une s'est donc terminée très rapidement. Silence radio pendant de très longs mois. Mais comme le dentiste (devenu depuis un ami) est gentil, il est venu s'excuser quelque temps plus tard, m'expliquant, à juste titre, que j'avais été beaucoup trop gentille avec lui…

Confiance en moi : 0

Tristesse : + 1 000

Je hurle silencieusement à qui veut m'entendre : « Aime-moi !!! » Le message n'est pas très rassurant, je l'admets.

Pour le suivant, je ne me souviens absolument plus ni où ni comment je l'ai rencontré ! Ophtalmo, corse, très brun, des yeux très noirs, papillons sous coke dans le ventre.

Je ne me souviens plus où je l'ai rencontré, mais je me souviens très bien du premier café qu'on a partagé ensemble à la cantine de l'hôpital… romantique à souhait. Bien plus que le café, je me souviens précisément de ce qu'il m'a dit et qui aurait dû me mettre un peu la puce à l'oreille – mais quand tu as besoin d'être aimée, tu n'entends que ce qui t'arrange.

— Je n'aime pas les gens.

— C'est-à-dire ?

— Je n'aime pas les gens, je les évite le plus possible…

Naïvement, je ne l'ai pas cru, mais il faut toujours croire ce que disent les gens d'eux-mêmes parce que spontanément, ils n'ont aucune raison de mentir. Pour ma part, je me suis dit que ne pas aimer les gens était totalement impossible, j'aurais dû le croire.

E. habite un magnifique et immense appartement dans une résidence cossue. Le truc, c'est que l'appartement est quasi vide parce-qu'il-s'est-séparé-de-sa-copine-il-y-a-peu et qu'elle est partie avec presque tout! Un jour viendra où j'arrêterai de jouer les nanas de transition, mais toujours pas cette fois-ci! Brillant, son truc à lui, ce sont les jeux vidéo, Serge Lama et le bridge, bah oui, c'est pas forcément incompatible. Il participe à des soirées bridge plusieurs fois par semaine (ça change du golf, mais c'est tout aussi chic). Après quelques semaines de relation aussi improbable que déstabilisante (surtout pour moi) et sans autre forme de procès, E. me dit aussi froidement que peut le faire quelqu'un qui n'aime pas les gens et qui vous a prévenue:

— Je ne suis pas amoureux, on arrête là.

Incapable de dire quoi que ce soit, je balbutie un « je ne comprends pas ».

Ma voiture, le peu de dignité qui me reste, les papillons en PLS et moi rentrons chez ma mère (au sens propre) en pleurant toutes les larmes de mon corps.

Redresser la poitrine, me dire qu'il ne me mérite pas, chialer un bon coup et passer à autre chose, voilà ce que j'aurais dû faire… Mais évidemment, continuer à me détruire me donne l'impression d'être vivante et surtout me confirme que je ne mérite pas d'être aimée!

Alors, je fais quoi?

Je l'attends! Je me mets à croire qu'il va me rappeler! J'en suis persuadée: il va réaliser qu'il a commis une erreur, il va me rappeler!

En attendant, je passe régulièrement voir si sa voiture est aux soirées bridge, je pleure, j'espère, je me dénigre, je pense à lui tout le temps et je recommence.

Le 8 mars, journée internationale du droit des femmes… Il me rappelle, veut m'inviter à dîner… Les papillons dans mon ventre ont repris un rail, ils devraient se méfier, les redescentes, c'est souvent violent et douloureux…

Il a réfléchi, finalement pourquoi pas, finalement essayons, finalement.

Est-ce que j'aurais dû partir en courant ? Oui, sans aucun doute !

Est-ce que je l'ai fait ? Sans commentaire.

Je suis aux anges, tout roule. Il se demande s'il va reprendre le cabinet de son grand-père à Bastia ou s'il reste à Montpellier. De tergiversations en tergiversations, il décide de rentrer en Corse et me propose de partir avec lui.

— Allô, maman ? Je pars vivre en Corse !!

J'ai droit à une disponibilité de l'hôpital. Vivre en Corse est une expérience assez surprenante. Je suis arrivée là-bas en tant que « conjointe du médecin », dont le grand-père était déjà médecin et dont le père était avocat… Une famille connue et reconnue, et un rôle, le mien, qui a donné lieu à des scènes assez cocasses. Je vis dans un appartement immense qui donne sur la plage, je me réveille avec le bruit des vagues, je commence à donner des cours de danse ; sur le papier, tout va bien ! Dans les faits, beaucoup moins. E. n'aime pas les gens, il m'a prévenue. Quand il finit sa journée de consultations, il n'a plus envie de voir qui que ce soit et il demande aux gens qui viennent à quelle heure ils vont partir. Notre relation n'en est plus une, j'essaie de comprendre ce qui se joue, en vain, je deviens dingue. On se parle peu, je ne me sens pas à ma place, tout est parfait. Crise de jalousie sur crise de jalousie, j'attends qu'il m'aime. Je demande, je quémande, je mendie, je suis pathétique et terrorisée. Il est froid, distant, inquiétant. Il nourrit mon manque de confiance, je suffoque, je me trouve de plus en plus nulle. Et comme si ça ne suffisait pas, je confirme à ma mère que ma tante, sa sœur, qui est venue nous voir quelques jours, est alcoolique. Elle a vidé le bar et les placards. J'en avais déjà parlé avant de quitter Nîmes, mais personne ne m'avait crue. Je ne veux pas prendre ma tante en traître, je lui parle, essaie de lui proposer des solutions, elle quitte Bastia, déni, souffrance, je ne peux rien faire.

Peu de mois après, je charge ma Yaris et je prends le bateau pour rentrer à Nîmes définitivement. Mer démolie et moi avec. Je lis *Les Désaxés* de Christine Angot… Je n'ai plus jamais lu Christine Angot… Je pleure, je pleure, je pleure… Mon père, qui est venu me chercher, pour me remonter le moral se réjouit:

— Encore heureux, il ne t'a pas mise enceinte.

Je ne suis pas certaine d'avoir été si mal une autre fois (par chance).

Ma mère m'accueille. Plus de travail, plus de maison, plus d'amour, ce n'est pas demain que j'aurai une famille et quatre enfants.

Le temps passe, je ne construis rien, ma vie est une succession d'échecs amoureux.

— Tu retournes à l'hôpital?

— Jamais!

— Tu vas faire quoi?

— Je ne sais pas, mais je veux être à proximité de J. et de C.

Ma cousine a une petite fille de 2 ans. Infirmière, elle est souvent seule avec elle parce que son conjoint voyage beaucoup, je me dis que si je travaille à Aigues-Mortes, là où elle habite, je pourrai en profiter. Par la magie du réseau et de l'univers… une dentiste cherche une secrétaire à Aigues-Mortes. À la rentrée, je prends un petit appartement là-bas, et bingo!

Mon poste de secrétaire se transforme vite en un poste de secrétaire et d'assistante. Stérilisation du matériel, radios, prothèses, puis ménage, puis compta, puis ses rendez-vous perso… Elle prend un rendez-vous toutes les quinze minutes, elle est toujours en retard… beaucoup en retard, je n'ose pas lui dire non parce que ça déclenche chez elle des crises de colère toujours plus fortes. Je travaille de 7 h 30 à 20 heures, rien ne la choque, c'est parce que je ne sais pas m'organiser. Le reste du temps, je vais chercher J. chez la nourrice, m'en occupe, on profite de la plage à proximité avec C. et de la douceur de vivre de la Camargue. Le soir, je file à Montpellier pour danser, le rythme est bien organisé. Lundi salsa, mardi rock, mercredi rock, jeudi tango argentin et le week-end, on alterne!

Au cabinet dentaire, c'est de plus en plus l'enfer, je continue à ne rien dire, je tiens, je tiens, je suis épuisée, mais je tiens jusqu'au jour où en revenant travailler après le déjeuner, un énorme camion dévie dans un rond-point, plie ma voiture et, accessoirement, moi avec. Urgences, petit trauma, minerve, rien de méchant, mais quand je l'appelle pour lui expliquer la situation, la dentiste me demande à quelle heure je vais arriver.

— Je viendrai demain si je vais mieux.

Elle hurle. Elle ne peut pas compter sur moi, ce n'est pas grand-chose, je ne fais pas d'effort. Je fais profil bas, je pleure en silence au téléphone, j'ai peur de lui dire qu'elle exagère, que je travaille beaucoup, que je ne peux pas faire plus, je ne me suis jamais arrêtée…

Elle continue de hurler. Le médecin qui me voit dans le cadre de l'accident me trouve dans un état psychologique catastrophique, il veut m'arrêter, je ne veux pas.

— OK, je vous arrête deux jours et lundi vous allez voir le médecin du travail, sinon c'est moi qui l'appelle.

J'ai peur d'elle comme j'ai toujours craint mon père. Je suis capable d'accumuler des heures et des heures de boulot pourvu que je sois bien vue, qu'elle me reconnaisse, mais quoi que je fasse, ça n'est jamais assez bien, jamais assez bon, jamais assez, elle me terrorise et je ne dis rien.

Dans ce besoin de reconnaissance se niche, sans qu'on y prenne garde, une incapacité totale à dire non. La peur de créer des conflits, la peur d'être abandonnée, la quasi-certitude que le « oui » permanent garantit la reconnaissance, l'appréciation de qui l'on est, de ce que l'on est. Cette difficulté à se positionner est très forte chez les hypersensibles, et c'est aussi ça qui nous pousse à aller vers des gens qui ne nous correspondent pas. Notre peur panique de dire « non ».

Dire oui en permanence couplé à notre capacité à nous adapter, à correspondre à tout le monde pour être aimés va nous pousser progressivement vers ce fameux faux self. Différent de celui qui est abordé en psychiatrie, le faux self chez l'hypersensible et le haut potentiel est cette faculté à s'adapter à tout le monde pour être aimé par tout le monde jusqu'à perdre sa propre identité. Le rôle qu'on joue au quotidien est énergivore, fatigant et finit, souvent, par nous faire comprendre que nous nous sommes perdus nous-mêmes. Qui sommes-nous lorsqu'on ne se suradapte plus pour être aimés ? Qui suis-je si j'enlève les couches, les unes après les autres, qui ne m'appartiennent pas ? Qui ai-je peur de contrarier, de vexer ? Par qui ai-je peur de me faire mal voir ?

Alors pour éviter tout ça, certain qu'on va nous aimer, on abandonne sa propre identité au profit des autres, on laisse l'autre ne pas nous considérer et nous maltraiter sans sourciller, jusqu'à s'éteindre.

J'ai fonctionné comme ça pendant longtemps. Sans comprendre pourquoi, alors que je leur donnais tout, que je disais oui tout le temps, les hommes que j'aimais ne m'aimaient pas en retour. Sans comprendre pourquoi ma patronne à qui j'étais en train de donner ma santé en plus de mes heures de travail m'épuisait. La question que je me posais était : Pourquoi je ne rencontre que des personnes comme ça ? Alors que la vraie question aurait dû être : Pourquoi je me laisse si peu considérer ? Pourquoi est-ce que je me donne si peu d'importance ?

Mais le moment n'était pas encore venu…

— Vous allez voir le docteur Sultan, elle est psychiatre, je prolonge votre arrêt et nous démarrons une enquête.

Le médecin du travail ne m'a même pas demandé mon avis. Tension dans les chaussettes, grosse perte de poids, je suis transparente, inexistante, et mon amoureux du moment est assez clair : « Pas d'histoire sur du long terme. » J'ai l'impression que je vis une malédiction dont je ne sortirai jamais.

À quel moment sommes-nous responsables de nos malédictions ?

Quelle est la frontière entre ce qui m'arrive et ce que j'induis ?

Qu'est-ce que je dois faire pour arrêter le mécanisme, à quel moment la machine s'est enraillée ?

J'en suis là.

La seule chose qui me porte, c'est la danse et c'est d'ailleurs ce que va très vite comprendre le médecin. J'ai eu une chance inouïe de croiser cette femme sur mon chemin, sans elle, je ne sais absolument pas ce qui aurait pu arriver. Je sais que j'étais à bout de moi-même, à bout de tout ce que je pouvais imaginer comme acceptable, seule la danse me permettait de tenir.

Burn out.

Elle m'a arrêtée sans me demander mon avis, évoquant que mon corps était arrivé au maximum de ses possibilités, que la limite que j'avais atteinte était dangereuse.

Je n'ai jamais repris, j'ai dormi beaucoup et pleuré tout autant.

La médecine du travail a diligenté une enquête qui s'est terminée par un procès aux prud'hommes, que j'ai gagné. Même l'avocate n'en revenait pas du nombre d'heures que j'avais faites (la badgeuse qui faisait foi a parlé) et de la capacité que j'ai eue à repousser mes propres limites, à demander à mon corps d'aller toujours plus loin… ce foutu besoin de reconnaissance !

Je jongle entre des antidépresseurs qui m'épuisent et l'envie de dormir et de ne jamais plus me lever. Mais j'ai la danse… alors, je m'accroche à la danse. Malgré moi, je réussis à créer un équilibre entre le stress et l'anxiété qui m'habitent et le plaisir que me procure la danse. Je pense que le fil est ténu, mais ma peur de ne jamais me relever me permet de tenir.

Je vis dans un petit appartement à Montpellier, tout petit, joliment situé, ma fenêtre donne sur un jardin et j'adore ça. De mon bureau, je me plais à contempler les feuilles des arbres qui se promènent au gré du vent. J'aime le chant des oiseaux… douce mélodie, méditation contemplative qui me permet d'écrire, beaucoup, et d'imaginer des impossibles puisque je suis persuadée que je ne suis capable de rien. Je me nourris de mes croyances, de mes peurs, de celles induites et de celles cultivées moi-même.

Terrorisant, le temps qu'on peut passer à nourrir ses croyances. Effrayant, de constater à quel point notre cerveau met une force colossale à nous persuader consciencieusement que nous ne parviendrons à rien. Notre juge intérieur qui sabote méticuleusement nos choix, nos envies, nos rêves, un à un, pour nous maintenir dans cet état de mal-être, cet état qui nous montre de nous tout ce que nous ne sommes pas, parce que nous ne nous aimons pas encore assez pour regarder d'abord ce que nous sommes. Pour embrasser nos valeurs et nos talents, pour les cajoler avec douceur, il en faut, du travail, mais tant que nous ne sommes pas prêts, c'est ce que nous voyons de nous qui surgit et qu'on alimente sans sourciller en continuant toutefois à avoir mal au cœur, en continuant à accepter de dire oui au lieu de se positionner.

L'homme que j'aime ne veut pas de moi, qu'à cela ne tienne, je danse tous les soirs, je peux donner mon corps à qui le veut, juste pour ressentir, juste pour me dire que j'existe encore un peu, me connecter à quelques émotions qui restent là, juste me dire que mon cœur bat au ralenti, mais qu'il bat. Chacun de mes rêves, chacune de mes conceptions de la vie, chacune de mes certitudes s'écroulent, à quoi bon ? L'homme que j'aime fait des allers-retours permanents entre oui et non, entre je veux, mais je ne suis pas certain, entre c'est toi, mais ce sera trop compliqué. Je l'aime. Je patiente, j'arrête de patienter, je patiente encore. Un jour, excès de confiance ou besoin de le réveiller, je décide que je ne l'attends plus, je mets un terme à tout ça. Je ne veux plus de ça, mais je ne sais pas faire autrement. Je ne sais que dire oui.

Je me réfugie peu de temps après dans d'autres bras, une autre histoire, puisqu'il ne veut pas de moi... Un homme bien, vraiment, je n'y suis pas, mais j'irai au bout par colère ou par dépit, je ne sais pas. Il n'en reste pas moins qu'au moment de m'installer avec cet autre, l'homme que j'aime a réfléchi. Finalement oui, finalement faisons quelque chose ensemble, finalement… Il faudrait que j'apprenne à prendre ma place et à arrêter d'attendre qu'on m'en donne une. Je suis restée encore un peu, puis je l'ai rejoint, lui qui m'a fait tant pleurer, mais avec qui je suis certaine que quelque chose de beau peut arriver.

Je suis épuisée, épuisée et partagée. Je porte à l'intérieur la sensation que je vais faire quelque chose, que je dois faire quelque chose, mais je ne sais ni quoi ni comment. J'ai l'impression horrible que je ne suis personne, un peu de tous ces gens, mais personne. Je ne crois pas avoir ressenti, un jour, une sensation plus désagréable que celle-là…

La psychiatre me propose un deal. Elle travaille dans une clinique.

— Vous voulez donner des cours de danse de société aux patients ? Je suis certaine que ça leur ferait beaucoup de bien, le lien avec le corps, la musique. Si vous êtes d'accord, j'organise une réunion avec l'équipe médicale, vous présentez les cours, on se donne deux mois d'essai et si ça plaît vous continuez.

— Oui.

Un « oui » maladroit, plein de peurs, un oui dans lequel se mêlent « j'en crève d'envie » et « j'y arriverai jamais », « je veux le faire », « j'ai pas les compétences », mais un oui quand même.

La réunion a lieu très rapidement après ce rendez-vous. Une brochette de psychiatres en blouse blanche et lunettes vissées sur le nez me regarde avec l'air le plus intimidant qu'on puisse imaginer…

Franchement, de la danse! La docteure me soutient du regard, elle me porte et me donne toute la reconnaissance et la force dont j'ai besoin pour parler. Aucune plus belle action n'était possible à ce moment-là et je lui serai reconnaissante toute ma vie de m'avoir permis de me prouver que j'étais capable. Elle a clos la réunion et cloué le bec à cette équipe de mâles alpha avec ses mots qui m'ont laissée sans voix:

— On démarre lundi. On fait un point dans un mois. Si dans un mois tout est OK, vous serez payée 40 euros de l'heure à partir du mois qui suit.

J'ai démarré le lundi. J'ai donné des cours à la clinique pendant deux ans, j'ai arrêté quand j'ai quitté Montpellier pour Paris. Les patients m'attendaient et me réclamaient. J'ai su par les médecins qui m'ont finalement félicitée que les patients écoutaient dans la semaine la musique que j'utilisais et y retrouvaient un peu de magie.

Je gagne 160 euros par mois, mes premiers revenus avec des cours de danse… Et je suis tellement fière.

Des cours dans une clinique psychiatrique donnent lieu à des situations assez improbables, mais chaque seconde, chaque cours a été pour moi un moment magique. J'ai encore à la maison le classeur de compte rendu de chaque cours… Le regarder m'émeut toujours.

C'est la somme des gens que l'on rencontre qui nous permet d'être qui l'on devient…

Je n'en sais pas assez, je danse, oui, mais je n'ai aucune reconnaissance de mes pairs, aucun diplôme, aucune expertise avérée…

Alors, je cherche…

La FNEDS est la Fédération nationale des enseignants de danses de société, seule formation reconnue et diplômante en danse de société, elle est dirigée par Christian Dubar qui assure aussi la formation à Toulouse. Je me renseigne.

Une nuit, en rentrant d'une soirée tango argentin, avec mon amant/ami du moment, je trouve une enveloppe dans la boîte aux lettres estampillée « FNEDS ».

Je dis une seule chose :

— Le jour où j'ouvre cette enveloppe, ma vie va changer.

J'ai mis quelques mois à l'ouvrir. Le temps de gagner l'argent nécessaire à la formation, le temps de l'hésitation, du choix, le temps de me demander si j'allais y arriver. Le temps de peindre de moi un tableau suffisamment moche pour ne pas y aller puis, prise par la peur, plus grande encore de passer à côté d'une belle expérience, je me suis inscrite.

Je parcours plus de sept cents kilomètres par semaine pour donner des cours de danse, animer des stages, des ateliers, j'ai contacté tous les gens que je connais – beaucoup de temps, beaucoup d'énergie, mais j'aime donner des cours et me promener avec ma valise de deux cents CD sur les routes.

Je me suis inscrite à la formation et pendant un an, régulièrement, je suis allée à Toulouse me former. Danser, je savais, mais pendant cette année magique, j'ai appris à enseigner, j'ai appris à transmettre. J'ai appris que tout le monde n'apprend pas les choses de la même façon. J'ai appris à mobiliser les différentes formes d'intelligence, les miennes et celles des autres et bizarrement, alors que jusque-là, rien ne rentrait dans ma tête facilement, avec de la motivation et une bonne pédagogie, j'excellais. Une année sublime durant laquelle les rencontres et l'enseignement reçu ont confirmé à quel point transmettre et mettre les gens en mouvement me nourrit et me rend extrêmement heureuse. Cette sensation ne m'a plus jamais quittée. Aujourd'hui encore, transmettre et mettre les gens en mouvement m'anime comme rien d'autre.

Trouver le sens, la raison pour laquelle je me lève le matin.

Le dernier jour de la formation, c'est moi qui ai les clés de l'école où nous prenons les cours. J'ouvre la porte en disant à ma copine de formation : « Un jour, j'aurai mon école de danse. »

Ouvrir la porte aux possibilités demande de commencer par ouvrir la porte à qui nous sommes, d'apprendre à nous connaître pour nous reconnaître. Si nous sommes seuls, le chemin n'est pas toujours simple, alors voici quelques astuces.

1. Se sentir soutenu

Le moment est venu de créer deux listes de gens soutenants :

- Les pros (médecins, psys, coachs, thérapeutes...) qui vont vous aider et vous accompagner dans vos blocages, vos croyances et la guérison de vos traumatismes. Choisissez-les en fonction de votre ressenti, de vos attentes, de la confiance que vous avez en eux, de leur bienveillance.
- Vos amitiés ! Salvatrices, motivantes, elles seront là dès que vous aurez le cœur un peu lourd ! Les amis et amies sont capables de voir en vous qui vous êtes vraiment et vous le disent de manière bienveillante. Dresser une liste d'amis que vous pouvez appeler chaque fois que ça ne va pas est indispensable.

2. Apprendre à écouter (juste avant) ses émotions

Une douleur, une oppression, le dos qui se bloque, la gorge qui se serre… tous ces signaux sont souvent ceux d'une émotion qui arrive. Apprendre à les remarquer vous permettra de connaître aussi l'émotion liée à la sensation. Alors, les fois suivantes, vous saurez que chez vous la gorge qui se serre parle de tristesse ou de colère (par exemple).

Il n'est pas nécessaire de gérer vos émotions, en revanche, comprendre qu'elles sont fugaces est indispensable et apprendre à les repérer, qu'elles soient confortables ou inconfortables, va vous permettre de mieux vous connaître.

3. Remarquer la suradaptation

Notez toutes les fois où vous faites quelque chose « pour faire plaisir ». Répondre à une amie à une heure qui ne vous convient pas. Accepter un énième dossier alors que vous êtes déjà sous l'eau. Faire plaisir à votre mère pour ne pas la vexer…

S'il ne s'agissait que de vous, si vous cessiez de vous suradapter, que feriez-vous à la place ?

L'idée n'est pas de dire non à tout, mais plutôt de respecter vos propres besoins, vos envies. Connaissez-vous vos besoins ?

4. Expérimenter la gratitude

Loin de remercier toutes les petites choses du quotidien, la gratitude a une portée beaucoup plus grande et puissante si elle est pratiquée en conscience. C'est accepter chaque seconde de vie avec le même amour, accueillir nos déséquilibres quotidiens sans ressentiment, ni colère ni aigreur, mais plutôt comme une étape d'une expérience plus grande, comme faisant partie d'un tout, notre vie.

Réfléchissez à un seul élément de votre journée pour lequel vous ressentez une profonde gratitude. Cela peut être quelque chose de grand ou de petit, mais il doit être significatif pour vous. Centrez-vous sur cette pensée, fermez les yeux si cela vous aide, et prenez un moment pour ressentir pleinement la gratitude. Pensez à pourquoi cet élément vous rend heureux et comment il enrichit votre vie. Exprimez votre reconnaissance pour cet aspect de votre vie. Par exemple, dites : « Je suis vraiment reconnaissant pour… » ou « Je chéris vraiment… ». Un excellent moyen d'améliorer son bien-être !

PARTIE 3
Par amour

Il y a quelque chose qui relève de l'indicible, au-delà même de l'explicable. Il y a quelque chose qui caresse l'extraordinaire. On pourrait dire des centaines de mots que d'aucuns se sont déjà employés à dire, à écrire, à chanter et pourtant rien n'est encore assez écrit, dit, chanté…

Évidemment, il y a eu des heures et des jours de regards, évidemment il y a eu des silences plus beaux que tous les mots échangés.

Il y a tout ce temps qui passe, empreint de traces invisibles, de celles qui sont douces et de celles qui marquent à jamais… des cicatrices plus profondes qu'aucune autre.

Il y a ces rêves fous de croire à une éternité commune et le réel encore plus fou d'y parvenir.

Il n'y a pas de date limite, rien de programmé, rien de pensé ni même d'envisagé.

Il y a sûrement eu des espoirs dessinés à l'encre forte ou juste effleurés sur le sable de la vie.

Qui sont ces couples qui s'aiment pendant vingt ou trente ans ?

Ont-ils pris un engagement dès le début ? Ont-ils fait un pari ? Ou les jours se sont-ils additionnés les uns aux autres, l'air de rien ?

De quoi ont-ils eu besoin pour que chaque instant puisse s'ajouter aux autres sans jamais les faire flancher ?

Ont-ils utilisé des recettes, des modes d'emploi ?

Ont-ils fêté les anniversaires, sacrifié les Saint-Valentin sur l'autel du commercial ou y ont-ils attaché une attention toute particulière, ont-ils mystifié les dates de rencontre ?

J'en écoute des dizaines et des centaines, personne ne raconte la même histoire, personne ne tient le même discours, personne ne donne les mêmes conseils et les mêmes façons de fonctionner... Pourtant, indéniablement, ils ont un secret...

Comment dépassent-ils leurs peurs, y a-t-il des peurs ?

Qu'est-ce qu'ils en font ? Ils les ignorent, les affrontent, font avec, les acceptent, les laissent filer, les unes après les autres jusqu'à ce qu'elles aient toutes dépassé la raison, l'entendable ?

J'ai toujours eu à cœur de construire une histoire d'amour longue et douce « comme dans les films ». Jusque-là, je me plante à tous les coups et force est de constater que plus j'avance, plus les possibilités s'amoindrissent.

À Toulouse, je suis heureuse, comme je ne l'ai encore jamais été. Je me nourris pleinement. Je me sens utile, je nourris mon besoin de curiosité, j'apprends l'histoire des danses, j'assimile, j'organise, je prépare la suite, l'homme que j'aime est là, je l'ai au téléphone, régulièrement, on est dans la même dynamique, il comprend ce que je fais, me comprend, tout s'annonce avec douceur... après tout ce temps.

Jusqu'au jour où... il ne répond plus au téléphone.

D'un moment à l'autre, d'un jour à l'autre.

Je ne comprends pas, j'essaie, j'insiste, il finit par répondre. Il est vexé, j'ai parlé de notre histoire à des amis, il ne voulait pas que je le fasse, je ne comprends pas, je raccroche, en larmes. Le ventre vrillé, je m'investis dans la formation encore plus, encore mieux, persuadée que c'est terminé, que tout ça signe le glas de notre histoire qu'il me semblait tant chérir, tant aimer, tant respecter. Il me dira quelques années plus tard qu'il ne le voyait pas comme ça, qu'il était « juste » en colère.

Qu'il aurait suffi d'attendre que ça passe.

En colère ? Attendre ? M'adapter ? Plier ?

Patienter, accepter, plier, m'adapter, me suradapter ?

Encore ? Jusqu'à quand ?

Je repasse le film de mes histoires d'amour, j'ai beau chercher à comprendre, les explications n'en sont pas.

Comment font-ils ces gens pour qui les histoires durent si longtemps ?

Qu'est-ce que je fais de mal ? À quel point je me plante ?

Ce sont les mêmes questions que je tourne et retourne sans cesse et je n'arrive plus à garder la clairvoyance nécessaire ni à distinguer le vrai du faux, ce que j'ai fait « par amour » et tout ce que je vais encore faire « par amour », en me plantant carrément, tout ce que je vais faire et qui va me détruire un peu plus, mais ça, je ne le sais pas encore.

Je n'ai pas de définition réelle et précise de ce qu'est l'amour, en revanche, je sais tout ce que j'ai fait et qui n'est pas de l'amour.

Je sais l'attente de la rencontre, le besoin de la rencontre, dont j'ai compris plus tard qu'il est tout sauf de l'amour.

L'attente, en amour comme en amitié, l'attente d'une manière globale est une sensation que je trouve dangereuse j'ai pourtant tellement attendu, j'ai même l'impression amère et honteuse d'avoir quémandé de l'amour. Je m'en veux tellement de m'être si peu respectée.

L'attente nous rend dépendants, soumis, l'attente induit une place qui n'est pas bonne, l'attente, c'est s'assujettir à un mot, une réaction, un comportement. Il y a dans l'attente l'idée de donner à l'autre la possibilité ou non de notre satisfaction, lui donner une puissance qu'il n'a pas et qu'il ne demande même pas (parfois). Il y a dans l'attente l'abandon total de notre vie, de notre libre arbitre, de nos propres choix, de nos propres envies et de manière plus grande, de nos limites. Attendre, c'est accepter que qui que ce soit, et accessoirement n'importe qui, dépasse les limites qu'on ne pose pas, abuse de nous sans qu'on lui dise rien… « par amour » et nous de ne rien lui dire, parce qu'il donne, parce qu'il dit, parce qu'il impose ? Il ordonne, il dirige… par amour… C'est tellement tordu et avilissant.

Mais à ce moment-là, je ne le vois pas comme ça.

Par amour, je suis prête à dire oui à tout, à renoncer purement et simplement à qui je suis parce que je ne sais pas qui je suis, parce que j'ai toujours tout fait pour être aimée, parce que je me suis toujours adaptée et suradaptée pour être aimée, encore cette histoire de faux self…

J'attends les rencontres comme j'attends la reconnaissance, et je me trompe de chemin. J'attends de la rencontre la reconnaissance et pour l'obtenir je suis globalement prête à tout. Comme un enfant chétif qui quémande l'amour. C'est exactement ça que je fais. Je ne prends aucune place, si ce n'est celle qu'on me donne, je ne joue aucun rôle, je fais de la figuration.

Gentille fille à qui on dit mets-toi là, fais ça, adapte-toi, je t'aime, je ne t'aime plus et moi invariablement, je dis d'accord et je pleure.

Après lui, et l'estime nourrie de ce que j'ai vécu à Toulouse, je suis décidée à ce que ça s'arrête. J'oublie qu'entre le décider et l'incarner il y a encore un temps de digestion, un temps de compréhension, de qui j'attends cette reconnaissance ?

Comme pour tout le monde, je crois que c'est multifactoriel. Pour ma part, le viol, l'autorité de mon père, la mort de mon grand-père et le sentiment d'abandon que ça a induit ont évidemment joué sur la femme que je suis devenue. Tout enfant a besoin qu'on lui dise qu'on l'aime, qu'on est fier de lui, que ce qu'il fait est bien même ses foutus colliers de pâtes. Je ne suis pas née dans la génération éducation positive et je suis très fière des valeurs que j'ai reçues qui m'ont aussi construites. Il n'en reste pas moins que ma construction s'est aussi faite avec des pages arrachées à la moindre faute d'orthographe, sur le besoin de mon père que je fasse plus, toujours plus, toujours mieux. Jamais assez, jamais bien, jamais comme il faut. Une enfance zéro répit, une enfance où je cachais mes mauvaises notes pour éviter son énervement et parfois sa main un peu leste. Je crois que la petite fille que j'étais a, à peu près, tout tenté pour lui plaire, pour qu'il me reconnaisse, pour qu'une seule fois, il me dise : « C'est bien ce que tu fais, je suis fier de toi. » Je n'ai pas souvenir de l'avoir entendu une seule fois, comme tellement de petites filles devenues des femmes en quête de reconnaissance, en quête d'un toujours mieux pour être aimée, pour avoir le sentiment d'exister. Ce qui se joue va bien au-delà de la relation amoureuse, cette reconnaissance, on finit par la chercher partout, tout le temps, à chaque étape de notre vie, pour beaucoup d'entre nous, pour beaucoup de femmes, on bâtit notre vie sur une erreur fondamentale qui pourrait se résumer à « par amour »… On donne les manettes de notre existence à cette peur de ne pas être reconnue et on la laisse jouer avec nous… souvent jusqu'à nous écrouler.

Par amour, on se maquille.

Par amour, on maigrit.

Par amour, on grossit.

Par amour, on fait du sport.

Par amour, on accepte.

Par amour, on porte des fringues qu'on n'aime pas.

Par amour, par attente de reconnaissance, de légitimité, parce qu'on attend qu'on nous donne une place au lieu de la prendre… mais jusqu'à quand ?

Tout ça n'est finalement que philosophie… et surtout, philosophie *a posteriori* après des années et des années de thérapies en tous genres.

Cesser de s'autoflageller parce qu'avant d'en arriver à ces conclusions, visiblement pas assez secouée par mes histoires d'amour, je suis encore allée chercher cette foutue reconnaissance et je pense que, ce coup-là, l'univers a voulu taper fort.

« Visiblement, tu n'as pas encore compris la leçon, je t'en renvoie une sur un plateau en platine, tu ne vas pas être déçue. Signé : L'univers. »

Je rentre à Montpellier, mon diplôme de professeure de danse de société en poche, je décide que je prends enfin le contrôle sur mes histoires d'amour (*spoiler alert* : je vais encore me planter). Pour l'instant, je m'organise pour donner des cours. J'ai de plus en plus de créneaux, de plus en plus de stages, ma valisette de CD est de plus en plus grosse, et c'est le bonheur !

Je parcours plus de sept cents kilomètres par semaine pour donner des cours de danse, animer des stages, des ateliers, j'ai contacté tous les gens que je connais, beaucoup de temps, beaucoup d'énergie, mais j'aime donner des cours et me promener avec ma valise de deux cents CD sur les routes.

E., devenue une amie, habite une grande maison à quelques kilomètres de Montpellier et me propose de vivre en coloc avec elle. Séparée de son mari, elle a besoin de quelqu'un qui irait chercher sa fille a l'école et s'occuperait d'elle quand elle travaille. Nos horaires sont décalés, j'adore l'idée, j'adore sa fille, je file m'installer chez elles… « Jusqu'à ce que je me marie », lui dis-je. Au vu de la situation, on était parties pour vivre ensemble dix ans !

Je suis montée à Paris quelques mois plus tard pour un week-end de tango argentin.

On se souvient souvent de la première seconde de la première rencontre avec quelqu'un. À la seconde où je le vois, un sentiment de peur m'envahit. Son regard est perçant, très bleu, j'ai peur, je ne sais pas pourquoi, et cette sensation dure un millième de seconde, je n'y prends pas garde. Une intuition étrange que je n'écoute pas. Pourtant, je le sais, on doit toujours écouter son intuition. Cette petite voix qui ne dit pas mot. L'intuition est là, permanente, sage messagère, la voix du cœur. Quand la raison accepte de ne pas prendre le dessus et laisse à l'émotion toute la place. Quand on cesse de questionner, de réfléchir, de chercher à savoir, de vouloir comprendre, quand on accepte de faire confiance à quelque chose de plus grand, d'immatériel, quand on accepte d'écouter l'évidence plutôt que de résister ou de lutter. Notre meilleure alliée en tant qu'hypersensibles ! Quand on ressent tout très fort, l'intuition est, si on sait l'écouter, si on veut bien lui laisser une place, très développée. Ce jour-là, je l'ai niée. Nous partageons un repas (et l'addition) d'un restaurant du si joli 6e arrondissement.

Il ne danse pas, il est extrêmement brillant, son intelligence me fascine, je passe le week-end avec lui, je suis amoureuse de l'amour, je tombe amoureuse.

Je rentre à Montpellier, il reste à Paris, on s'écrit, j'aime qu'on m'écrive, il sait écrire, c'est indéniable. Nous n'avons rien en commun. Classe sociale différente, parcours différents, idées opposées, les contraires s'attirent. Il aime autant qu'il déteste mon côté « ingénue », j'admire sa culture, son irrévérence face à la vie. J'aime les karaokés, les chansons françaises des années 1980, les paillettes, rire à gorge déployée. Il lit *Le Monde*, n'aime pas particulièrement les relations sociales. Il a horreur des karaokés (pour mes 40 ans, je le retrouve au bar du chouette lieu où se tient mon karaoké d'anniversaire... Pendant qu'avec mes amis on chante à tue-tête Jean-Jacques Goldman et Céline Dion, il est parti... lire *Le Monde*), exècre la légèreté et vomit sur la chanson française. Je suis tout ce qu'il n'est pas, il est tout ce que je ne suis pas. J'ai grandi dans une famille simple, il a grandi dans une famille bourgeoise. Hautes études, haute opinion de lui-même, basse opinion des autres. Chez mes parents, ma mère et mon beau-père, on parle fort, on a le verbe haut, on s'engueule, on râle, on pleure, puis on se serre dans les bras. Ma mère tempère, exagère peu, ne crie pas. Chez lui, on parle bas, très peu à table, on ne dit pas ses sentiments, on ne se serre pas dans les bras, on fait bonne figure. Je le vois, aujourd'hui, avec du recul. Aussi étrange que ça puisse paraître, il a l'air de m'aimer pour ce que je suis, et moi, j'ai l'impression que grâce à ce qu'il est, je vais devenir quelqu'un de bien.

Quelle utopie ! On ne peut pas arracher ses racines pour les planter ailleurs (et c'est tant mieux).

Lui et moi, c'est le mariage de la carpe et du lapin... L'alliance de situations, de gens incompatibles, des lignes parallèles.

Qu'est-ce que j'ai vu en lui, avant de voir qui il était vraiment ?

Quel scénario mon cerveau a-t-il inventé ? Il ne m'a jamais rien caché, ni sa névrose obsessionnelle (je ne savais pas ce que ça voulait dire), ni ses angoisses, ni son rapport à la vie tellement différent du mien.

Je vois un homme brillant derrière qui je peux cacher ma nullité. Je vois un statut social que je pourrai donner à mon enfant, moi qui ne suis qu'une saltimbanque. Je vois mon enfant qui sera fier de son père, qui grandira sans manquer de rien financièrement, je mets mon enfant à l'abri de moi-même. De mes incohérences, de mes inconsistances, de mes incapacités à me réaliser. Je vois tout ça, je me crée une réalité totalement inventée, mais temporairement rassurante.

Et évidemment, j'y crois, évidemment, je me suis tout fait croire.

Un mois après notre rencontre, il me demande en mariage.

— Allô, maman, je me marie en juin (on était en janvier).

— Mais je ne le connais pas !

— Ce n'est pas grave, c'est moi qu'il épouse, pas toi.

— Bernard, tu peux t'asseoir, Ludivine a quelque chose à nous dire.

— Je me marie.

Mon beau-père a trébuché entre les mots, mais comme tout le temps dans les situations importantes, il a été d'une intelligence sans faille.

— Je n'ai pas grand-chose à te dire, c'est peut-être un peu tôt, mais si c'est ce que tu veux.

J'imagine l'état qui devait être le leur quand ils ont raccroché. J'imagine la discussion débordante de doutes, de peurs et d'incompréhension.

La préparation du mariage a confirmé assez rapidement que nous arrivions d'univers totalement parallèles. Je le regarde faire, choisir, argumenter, je dis oui, quelquefois je donne mon avis, un petit mariage, un long week-end, la Provence, des pivoines… Le prix des vins s'est envolé pour atteindre des montants stratosphériques, mon beau-père a juste relevé, puis face à mon silence, il n'a rien dit… Quand je pense à ce que je leur ai imposé. Face à mes doutes, à mes inquiétudes, il propose que mes parents donnent « ce qu'ils peuvent ». Quel manque de considération. Mes parents n'ont rien dit. Ils ont laissé faire.

Le lendemain du mariage, ils ont donné un chèque correspondant à la moitié des frais… Je leur suis infiniment reconnaissante et je m'en veux de leur avoir imposé ça. Je m'en veux d'avoir été si égoïste et de n'avoir rien vu. Je leur suis infiniment reconnaissante de m'avoir offert ce moment familial, à mon beau-père de m'avoir accompagnée jusqu'à la mairie, à C., mon frère, son fils, d'avoir joué du piano dans cette petite mairie provençale. Je leur suis infiniment reconnaissante de m'avoir permis ça et je ne les remercierai jamais assez de ce savoir-vivre qui est le leur.

Quand on s'est mariés, je ne connaissais que très peu son entourage. Je constate assez rapidement qu'il n'a que peu d'amis. Je rencontre V., son amie très proche, dès les premières fois où je viens à Paris. La sœur que j'aurais aimé avoir ! Elle est un socle, un ancrage, avec Gé., I., K... Bien s'entourer, encore et toujours. Être capable de donner, être accueillie à bras ouverts. Dans chacun des moments d'inquiétude, de peur, de mal-être pendant de longues années, elles ont été là et le sont encore aujourd'hui. L'amitié se construit, se nourrit, c'est ce terreau solide sur lequel s'appuyer ! Je lui jalouse sa culture et sa rapidité d'esprit. V. a de l'humour et surtout, elle a vécu en colocation avec lui. Malgré leur amitié, elle le regarde avec une justesse que je n'ai pas. J'étais amoureuse, elle m'a toujours prévenue de ses travers : son rapport à la vie, ses angoisses, ses excès, elle m'a tout dit, je n'ai rien cru... évidemment !

— Tu ne viendras pas te plaindre.

Je me suis beaucoup plainte, elle m'a sauvée.

Par amour, je montre ma robe de mariée à mon futur époux :

— Impossible de te trouver belle dans une robe de mariée qui ne me plaît pas.

Par amour, je ravale mes larmes quand il trouve que la robe a un reflet vert moche.

Par amour, je souris quand il décrète que la conversation pendant le repas de mariage ne vole pas très haut...

Par amour, je supporte mon mal de ventre au fin fond de la Malaisie parce qu'en plein voyage de noces, il me dit que je suis incapable de raisonner, que ce mariage est une erreur, qu'il n'a rien à partager avec moi, que je ne comprends rien et que toutes ses nuits à angoisser sans dormir, j'en suis totalement responsable.

Par amour... pour moi, je n'aurais jamais dû accepter ça.

Je suis entièrement responsable du droit que je lui ai donné de mal me considérer. Entièrement responsable d'être restée si longtemps dans cette relation qui m'a détruite et dont il me reste encore quelques aigreurs.

Il faut se méfier des mots. Certains mots sont aussi violents que des coups et on devrait s'aimer très fort pour refuser que qui que ce soit nous balance des mots tranchants comme des coups de couteau.

Je ne m'aimais pas suffisamment.

La frange

Samedi soir sur la Terre[4].

On dîne avec des amis, une petite crêperie du 18e.

Avant de les rejoindre, je vais chez le coiffeur.

— Je te vois bien avec une frange droite, ça t'irait super bien !

J'aime l'idée du coiffeur, ni une ni deux, va pour la frange. J'adore, j'ai l'impression de ressembler à une danseuse du *Crazy horse*, super contente.

Restau, les amis adorent ma frange, tout le monde y va de son compliment, lui n'est pas encore là.

À aucun moment, je ne peux imaginer la scène qui va suivre, pas la première de cet acabit et hélas pas la dernière non plus.

De l'extérieur, il m'aperçoit. Prend conscience que c'est moi, change de visage, à tel point que tout le monde se demande ce qui est en train de se jouer.

Entre dans le restaurant, mâchoire serrée, dit bonjour à la volée et fulmine à mon encontre :

— C'est quoi, cette coiffure ? C'est horrible, ça ne te va pas du tout, qui est l'abruti qui t'a fait ça ? Je ne sais même pas comment je vais faire pour rester dîner…

Ses propos sont tellement forts et hallucinants que tout le monde, plus de dix ans après, s'en souvient encore.

Visiblement, ça n'est pas assez, l'accablement à mon égard continue une fois à la maison. Allant de « Je vais aller lui casser la gueule » à « Je vais demander le divorce », en passant par « Je vais aller casser sa vitrine » comme à son habitude, il fait de cet événement qui n'en est pas un une situation dans laquelle je ne respecte pas les règles, plus précisément ses règles. Pour lui plaire, je dois faire exactement ce qu'il veut, comme il veut, je dois lui demander avant de changer quoi que ce soit, je suis à lui. J'ai porté une barrette pendant toute la repousse pour éviter les scènes.

Le raconter toutes ces années après me provoque une douleur au ventre, c'est important de le remarquer.

Important de remarquer à quel point des événements restent en nous, marqués par le corps, dans le corps, par la sensation physique, par la douleur qui passe par le corps et le cœur avant d'atteindre le mental, important de remarquer le nombre d'années durant lesquelles cela peut durer. Combien de fois faudra-t-il revivre la même situation avec la même douleur, avant que le temps fasse son œuvre et nous apaise ?

Quand j'ai compris mon hypersensibilité, j'ai aussi pu comprendre les messages de mon corps et les écouter. Pendant cette période chaotique, mon moyen d'agir est moindre, en tous les cas, c'est ce que je pense parce que dans l'absolu, je peux partir, mais pendant de longues années je pense être le problème, que c'est moi qui ne comprends rien… et je veux des enfants.

Aujourd'hui encore, quand on me demande pourquoi je suis restée aussi longtemps, au vu de son mode de fonctionnement, je réponds toujours la même chose : je ne savais pas qui j'étais, il a réussi à distiller en moi un poison qui s'est répandu longtemps sans que j'en aie conscience, mais dont j'avais déjà, toute seule, versé quelques gouttes : je suis nulle. Je lui ai donné la possibilité de me nourrir de ce poison. Il n'est pas responsable, je ne suis pas victime. Une relation se bâtit à deux et mille fois j'aurais dû partir, mais c'est la femme que je suis devenue aujourd'hui qui parle. Celle qu'il a rencontrée avait besoin de cette relation et l'a acceptée sans sourciller.

Et puis, je veux des enfants, plus que tout, je veux être maman.

Alors, je supporte, j'endure, j'accepte, je m'adapte à lui et puis surtout, je mets beaucoup de temps à comprendre que son comportement n'a rien de normal. Je n'aime pas ce terme de normal, il sous-entend qu'il y a un endroit où ce qu'on fait est acceptable, et un autre où pas du tout. La normalité n'a de sens que celui qu'on veut bien lui donner, et celle qui est valable pour les uns ne l'est pas forcément pour les autres.

Toutefois, elle trouve son équilibre, justement dans une forme d'équilibre, dans une relation où chacun des deux peut s'exprimer et laisser exprimer sa personnalité, sa singularité, sa façon d'être au monde – c'est certainement ça, l'amour. Ne pas imposer, ne pas dicter ses règles, écouter l'autre, lui permettre d'être lui-même, de rayonner, d'être libre. Lui donner confiance en lui, le soutenir, l'épauler et que chacune des énergies de l'un et de l'autre crée cette « troisième » personne qu'est le couple ; j'aspirais à ça, maladroitement peut-être, mais j'aspirais à ça.

Certainement, mon aspiration est uniquement mentale, à ce moment-là. Certainement, ce que j'envisage, je ne suis pas à même de le créer, sinon, indéniablement je me serais tournée vers quelqu'un d'autre. Si j'avais incarné, quand je l'ai rencontré, ne serait-ce qu'un minimum de confiance et d'estime de moi, ce n'est évidemment pas vers lui que je serais allée. Il est nécessaire et indispensable de réaliser qu'une histoire se construit à deux, que je suis allée chercher ce dont j'avais besoin, un cadre, strict, la confirmation de mes croyances sur qui j'étais, la nourriture nécessaire à mes craintes et mes peurs les plus profondes.

Je suis nulle, je crains sans cesse de dire des bêtises, je crains d'être jugée, alors je m'adapte, je tente de contenter tout le monde, de faire bonne figure, je me sens honteuse, totalement sans intérêt, totalement décalée de ce qui se joue dans mon environnement. Comment me réaliser dans ces conditions ?

Pour couronner le tout, j'ai épousé un homme qui me confirme tout ça…

- « Tu lis de la merde, ce n'est pas ça qu'il faut lire. »
- « On ne peut pas discuter avec toi, tu es incapable d'argumenter. »
- « Tu ne vas pas sortir habillée comme ça avec moi, je suis ton mari quand même ! »
- « C'est quoi, cette coiffure ? »
- « Ça ne te va pas, ce maquillage… »
- « Tu n'arriveras jamais à gérer une entreprise. »

Pas de temps en temps, pas par période, pas quand il est stressé ou plus angoissé que d'habitude… Tout le temps, partout. Et quand il est plus angoissé que d'habitude, régulièrement, il se lève la nuit… La nuit, génératrice de toutes ses angoisses, la nuit qui finit par me regarder comme une bête assassine…

Il n'arrive pas à dormir ? Je ne dormirai pas non plus !!

Des nuits sans sommeil, que je ne peux même pas compter parce que tellement nombreuses. Des nuits à m'empêcher de dormir :

- « Si je ne dors pas, tu ne dors pas, tu écoutes mes angoisses, parce que souvent tu en es la cause. »

– « Si tu n'étais pas comme ça... »
– « Si tu rentrais tôt le soir... »
– « Si tu n'avais pas une école de danse... »
– « À cause de toi, de cette école, on va se retrouver sous les ponts. »
– « Si tu avais un travail normal, un salaire normal... »

Tellement de nuits sans sommeil que lorsque j'ai commencé à vivre chez mon nouveau chéri, j'appelais Val en lui disant :

— Il me laisse dormir, tu te rends compte ! Il ne me réveille pas la nuit avec ses angoisses, ça fait tellement de bien de dormir la nuit !

Depuis quatre ans, je chéris mes nuits complètes comme quelque chose d'extraordinaire !

Je vis dans un équilibre totalement instable, je serre les dents, je serre le corps, je me plie en douze pour ne pas l'énerver, pour lui correspondre, pour être exactement celle qu'il veut que je sois... Ça ne marche jamais !

Je vis sa névrose obsessionnelle (que je me permets de nommer parce qu'il l'a lui-même nommée) alors que je ne sais même pas ce que c'est, puis je comprends rapidement, mais je pense, aussi, qu'avec de l'amour, je vais le faire changer.

On ne change pas les gens, même les gens qui nous sont proches – surtout les gens qui nous sont proches – on ne les sauve pas d'eux-mêmes, surtout s'ils ne sont pas prêts à changer, à bouger...

Val m'a prévenue et, pendant les douze années de mon mariage, elle a été la seule à comprendre ce que j'étais en train de vivre parce qu'il faut le vivre au quotidien pour le comprendre.

Moi qui utilise l'humour, la dérision, l'autodérision comme arme massive à tous mes maux. Moi qui ai grandi avec une injonction paternelle qui dit : « Quoi qu'il t'arrive, souris », j'ai souri. Je raconte chaque situation avec mon style méditerranéen, drôle, léger, dépourvu de toute gravité alors que la réalité a une autre saveur.

Depuis toutes ces années, quand je vois un couple, je garde toujours en tête qu'on ne sait absolument pas ce qui se déroule chez eux.

Une décoration d'appartement passée au crible par son regard, poussée à l'extrême, impossible de déplacer un vase, impossible de changer la déco sans son approbation, impossible d'acheter de la décoration sans son aval, impossible d'inviter sans son accord, impossible d'acheter des draps sans son accord, impossible de déplacer une lampe, un objet anodin, un tapis, une chaise, rien. On peut partir du postulat que c'est un choix de couple et qu'à deux, on décide, dans l'absolu je suis d'accord. Là où le vice va se nicher, là où le problème se pose, c'est quand ce choix de couleur est poussé à son paroxysme… Si je dis que je l'ai vu hésiter entre trois beiges au point de ne pas sortir de la maison, si je dis que lorsque nous avons acheté l'appartement j'ai eu le droit de choisir les portes de placard entre un blanc mat et un blanc brillant puis que, finalement, je n'ai pas eu le choix parce qu'il voulait du blanc mat pour le repeindre du même blanc que les murs de l'appartement, j'ai l'impression de passer pour une dingue… Pourtant, c'est ça mon quotidien pendant douze ans.

Un besoin de tout contrôler qui peut s'entendre jusqu'au moment où il devient un besoin de contrôler l'autre. Longtemps, j'accepte qu'il me contrôle, longtemps je chiale face à des situations où il me dénigre totalement, mais je me dis qu'il doit avoir raison.

Il en faut, des croyances violentes et surtout il ne faut pas s'aimer beaucoup pour se dire ça ! Personne ne mérite que la personne avec qui elle vit lui dise qu'elle est nulle, qu'elle lit de la merde, qu'elle ne doit rien choisir à la maison, nul ne doit dire à la personne qu'il dit aimer qu'elle n'est pas chez elle parce qu'il n'y a pas son nom sur le bail, nul ne doit proférer autant de méchanceté et d'irrespect à l'encontre de la personne qu'il dit aimer. Et surtout, personne ne doit supporter qu'on lui parle comme ça !

Personne ne doit vous parler comme ça et si quelqu'un le fait, fuyez ou trouvez une oreille attentive, c'est tout sauf du respect, c'est tout sauf de l'amour !

— Mais pourquoi tu restes ?

Parce que j'ai mis longtemps à comprendre, parce que j'ai mis longtemps à m'aimer, parce que je veux un enfant.

Parce qu'on veut un enfant ?

Mais ça ne fonctionne pas…

D'essai en essai, de médecin en médecin, de vérification en vérification, au bout de deux ans de tentatives infructueuses, nous sommes entrés dans une bataille acharnée qui a duré… huit ans.

Je donne mon corps à des pontes parisiens pour vérifier, étudier, contrôler, mesurer… Je passe des examens plus intrusifs les uns que les autres, déshabillez-vous, habillez-vous, déshabillez-vous, je n'entends que ça, pendant des années. Zéro humanité, zéro prise en compte, je découvre à ce moment-là que même le prix n'y change rien… Je paie cher, très cher, des dépassements d'honoraires, mais personne ne m'explique quoi que ce soit, j'ai beau poser des questions.

— Madame, si je savais, je serais le roi du pétrole…

Voilà la réponse, d'un gynécologue de renom, à mon pourquoi. J'entends bien qu'il n'a pas toutes les réponses, mais passons…

- « Tu n'es pas assez patiente. »
- « Tu y penses trop, quand tu arrêteras d'y penser, ça marchera. »
- « Tu es trop stressée, on ne peut pas tomber enceinte quand on est stressée. »
- « Tu es trop fatiguée, tu verras, attends les vacances et pendant les vacances, ça va marcher. »

Je travaille dans une école de danse parisienne qui me presse comme un citron (c'est ma spécialité d'être corvéable à merci), mais j'adore ce que j'y fais. Donner des cours de danse, m'occuper de la gestion de l'école avec une équipe que j'aime beaucoup est un vrai plaisir. C'est vrai, je rentre tard, il me reproche de ne pas être là quand il arrive (je finis à 23 heures), et « à cause de [m]oi de [s]e nourrir de saucisson, biscuits apéritifs et vin ». Culpabilité oblige, je commence à bosser à 15 h 30, je me mets à préparer des plats, qu'il n'aura plus qu'à faire réchauffer et manger à l'heure qu'il veut. Il n'y touche jamais…

J'ai longtemps porté la responsabilité de tous ses problèmes, puis je me suis mise à régler les miens, ce qui a considérablement modifié la donne… toutes les donnes. Je me suis mise à redistribuer les cartes dans le bon ordre, ce qui est à toi est à toi, moi je prends ma part des responsabilités, j'assume mes choix et mes erreurs et je vais changer ce que je peux changer, en priorité mes croyances et avec les limites que je me mets.

On part en vacances, il stresse avant (à l'idée de partir), pendant (je suis incapable de lire une carte, ça l'exaspère), à la fin (à l'idée de rentrer). Je ravale ma peur de ses crises d'angoisse qui durent de longues heures et durant lesquelles tout m'est reproché… Régulièrement, la crise se termine par un « il faut qu'on se sépare », je suis littéralement malade, et le lendemain, il repart comme si de rien n'était. Un jour, je comprends qu'en fait, il évacue toutes ses angoisses, que j'absorbe comme une éponge… Il va mieux, je suis au trente-sixième dessous, totalement épuisée. Le même scénario des centaines et des centaines de fois. On a beau être dans des endroits plus beaux les uns que les autres, dans des pays où tout le monde rêverait d'aller, il ne peut pas être heureux, il ne peut pas être bien, ses angoisses le rattrapent, je n'y suis pour rien, mais je ne le comprends toujours pas. Je prends de plein fouet tout ce qu'il me reproche, j'essaie de m'améliorer, d'être ce qu'il veut : en vain, ce n'est jamais assez !

C'est fou, à quel point on peut se maltraiter et se laisser maltraiter quand l'image de soi est dévastée. Incroyable, à quel point nos peurs nous éloignent progressivement de nous-mêmes au point de nous cacher ce qui pourtant est si simple à voir, avec un peu de recul… Prendre un peu de recul, changer d'angle, regarder d'un autre œil… Tout ça peut paraître tellement simple. Encore faut-il que le cerveau soit prêt, encore faut-il que le moment soit choisi pour laisser apparaître nos zones d'ombre, nos tempêtes.

Au bout de toutes ces années, j'admets que j'ai toujours mis beaucoup de temps à observer. D'abord actrice, puis finalement plus souvent spectatrice, totale perte de contrôle, presque marionnette, jusqu'au moment où, réveillée par une fulgurance, ce n'est plus possible, je ne peux plus accepter, je ne peux plus supporter. Chaque étape me montre aussi que cette fulgurance n'en est pas une, c'est plutôt le temps dont moi j'ai eu besoin pour accompagner mon propre cheminement. Je ne peux pas faire changer l'autre, je peux, en revanche, constater ce qui ne me convient pas pour revenir à moi et me demander à quel endroit du corps, du cœur et de mon histoire ça vient faire écho. Ce n'est pas à l'autre que je vais demander de changer, je peux le faire, mais c'est peine perdue, en revanche, je constate que si moi je bouge, si je fais ne serait-ce qu'un pas sur le côté, si je commence à me donner de la crédibilité et à aborder les situations différemment, alors l'autre va bouger, pas forcément changer, mais bouger, c'est le principe de la systémie. Nous sommes tous interdépendants. Amicale, professionnelle, amoureuse : chaque relation que nous nouons nous octroie une place, nous donne un rôle dans lequel nous ne sommes pas tout à fait les mêmes et pas tout à fait différents non plus. Ce qui est intéressant et que je trouve totalement magique, c'est toute l'énergie qu'on peut déployer, tous les mots que l'on peut utiliser pour essayer de faire changer le comportement de quelqu'un… en vain. Alors qu'il suffit de changer notre propre comportement vis-à-vis de cette personne pour faire vaciller tout le système, toute la relation. Il suffit de se comporter différemment de toutes les autres fois pour donner le jour à une relation qui n'a plus rien à voir. Quand on essaie, on mesure à quel point c'est simple et on découvre aussi à quel point, parfois, on ne bouge pas, parce que la peur du changement est bien plus grande que la souffrance qu'on est en train de vivre…

« La souffrance, c'est très rassurant, ça n'arrive qu'aux vivants[5]. »

En tous les cas, notre cerveau retors nous persuade de ça. *Tu sais ce que tu as, dit le cerveau, c'est pourri, mais la période de transition est trop flippante, alors reste là-dedans.*

Alors, commence le chapelet de « oui, mais » :

- Je devrais partir, « oui, mais » je suis incapable d'être autonome.
- Je ne suis pas heureuse, « oui, mais » je veux un enfant.
- Ce que je vis n'est pas normal, « oui, mais » il va changer.
- Il me considère comme une moins que rien, « oui, mais » c'est moi qui m'y prends mal.
- Il me parle mal, « oui, mais » il ne va pas bien aujourd'hui.
- Il ne me considère pas chez moi, « oui, mais » ça va s'arranger.

On s'obstine, on se persuade, on se conforte dans ce fonctionnement malsain pour la simple et bonne raison que nous ne sommes pas encore prêts, que nous n'avons pas encore pris la pleine mesure de ce qui se joue, ce n'est pas encore le moment, le bon moment, parce que, quoi qu'il en soit, nous avons besoin de temps, pour tout… toujours… attendre que le moment soit venu. Il ne s'agit pas d'un moment choisi, mais d'un moment où la douceur nous habite suffisamment pour passer à la suite, pour que la peur soit un peu apaisée, juste assez pour redresser la tête et se dire « c'est maintenant ». Parfois, ce moment peut être accompagné d'une oreille attentive, d'une main sur l'épaule et d'un regard confiant, un regard qui dit sans mot à quel point il sait nos capacités, à quel point on peut y arriver, à quel point la totalité de notre vie est entre nos mains, tout simplement. À quel point donner aux autres la possibilité de régenter notre vie est une erreur magistrale, à quel point on a le droit d'aller au bout de ses rêves…

Le mentor

Je me bats, je me démène, je ne suis toujours pas enceinte et ça me pèse. D'autant qu'autour de moi, les bébés fleurissent comme les bourgeons au printemps. Mon ventre reste vide, vide et profondément douloureux. D'autres médecins, d'autres rendez-vous, d'autres spécialistes, encore et encore… À l'école de danse, sous couvert d'un lissage des heures de travail, les journées sont de plus en plus longues. Je travaille six jours sur sept, notre directeur en demande toujours plus, et refuse toutes nos demandes. L'ambiance se tend, le poste pour lequel j'ai été embauchée se transforme en poste de professeure de danse à outrance… Je donne huit heures de cours par jour, j'ai à peine le temps d'aller faire pipi, il faut en donner encore plus, toujours plus. Plus de quatre-vingts personnes dans certains cours, je n'arrive même plus à distinguer qui est là et qui n'est pas là ! J'ai une bonne capacité de résistance… qu'à cela ne tienne.

Mon désir de grossesse plaît moyennement à mon directeur :

— Vous allez faire comment pour donner des cours, enceinte ? Vous comptez vous arrêter ? Ça va être compliqué.

Sur le ton de l'humour, soit, mais le ton est donné.

Mars à l'école de danse, la saison des cours particuliers s'accélère en même temps que celle des soirées dans Paris.

— Ludivine, un monsieur va venir, un cours de rock pour une soirée à l'interalliée. Il a peu de temps et peu de dispo, il faut le prendre aujourd'hui.

Le monsieur en question arrive, il s'appelle H. C'est l'heure de ma pause, je suis en train de prendre des photos à l'argentique dans l'allée de l'école de danse, une jolie petite rue pavée dans le 17e arrondissement parisien. Bonheur du moment, retrouver sur les images le charme suranné du grain et du noir et blanc. Rendre éternelle l'histoire sur de petites photos dont j'agrémente chaque recoin de ma vie. Mes carnets, mes sacs à main, mon portefeuille, je m'accroche à chaque instant agréable, à chaque morceau du monde tellement beau. Je pleure devant ces minuscules images qui me submergent d'émotion. Je pleure devant un arbre, le sourire d'une danseuse, toute la beauté du monde s'inscrit là à jamais et je tente de m'accrocher à mes émotions, pour ne pas m'en couper, par peur de ne pas résister, par peur de beaucoup trop souffrir si je ne le fais pas.

Je rentre, chaussures de danse, je l'installe, nous engageons la conversation.

— Vous faites de la photo ?

— On ne peut pas vraiment dire ça, mais j'aime bien capturer les situations qui me touchent.

Il dirige une énorme entreprise qu'il a créée il y a quelques années, un logiciel pour travailler les images, bien connu des photographes.

Hasard ? Concours de circonstances ? Message de la vie ? Je me plais à croire, depuis que je suis petite fille, qu'il y a sur mon épaule une petite femme qui m'envoie, quand c'est nécessaire, les bonnes situations, au bon moment ! Parfois, j'ai l'impression qu'elle se lime les ongles et qu'elle ne remarque pas que je patauge dans la gadoue, que je ne réussis pas à m'en sortir, puis parfois, par miracle ou par magie, elle est là, à l'affût, alors la vie prend une tournure à laquelle je ne m'attendais pas. Ce jour-là, visiblement sa manucure est nickel, elle s'ennuie un peu, elle décide donc d'inaugurer un festival qui va changer ma vie.

Les cours particuliers sont l'occasion de belles rencontres. La proximité, futurs mariés, pères avec leur fille, les gens qui viennent seuls, les couples, le temps que chacun s'autorise, est un terrain joyeux d'échanges. Pendant un cours, les corps disent bien plus qu'on ne l'imagine. Le stress augmente, d'abord, la peur de ne pas y arriver, le corps se contracte, puis au fur et à mesure de l'apprentissage, au fur et à mesure de la confiance qu'on donne à la personne, c'est un moment d'immense satisfaction. Voir qu'on a appris quelque chose qu'on ne savait pas faire une heure avant provoque un élan de bien-être et greffe sur le visage un sourire proche de celui de l'enfant qui, fier de lui, constate qu'il a réussi à se dépasser !

Mettre en mouvement, ma mission, encore et toujours, parce que mon corps est mon meilleur allié, parce que depuis que mon dos est totalement paralysé, depuis que j'ai dû réapprendre à marcher, à bouger, je sais que l'écouter est salvateur.

On nous apprend de plus en plus à écouter nos émotions, on nous apprend à mentaliser, on nous apprend à lire, à compter, l'Histoire et la géographie, les pays lointains et le passé qui perdure, mais à aucun moment on ne nous apprend notre corps. Je déplore ce grand vide dans tout apprentissage. Je déplore qu'on oublie de nous expliquer que pour marcher il faut dérouler le pied, que nous ne sommes pas des poupées de chiffon, que la tenue du buste nous évite des douleurs de dos insupportables, je déplore qu'on ne nous apprenne pas que chaque émotion est initiée par le corps. Qu'il y a, juste avant la colère, la tristesse, la joie, une crise de rire ou la peur, il y a toujours un signal du corps, et le repérer peut nous éviter bien des tracas !

D'ailleurs, la racine latine d'émotion, c'est *emovere* : mettre en mouvement…

Je mets en mouvement les corps, les têtes, en enseignant la danse de société, j'apprends aux gens que leur corps n'est pas là « que » pour porter leur tête, qu'il est un fabuleux moyen de se découvrir et de découvrir l'autre, sans paroles, sans mots, sans intellectualiser, juste en faisant confiance au corps… la magie de la danse à deux. Je suis toujours fascinée quand je danse un rock, un tango, une salsa ou peu importe avec quelqu'un qui ne parle pas la même langue que moi. Le langage du corps nous permet de nous comprendre sans mots… quelle magie !

Les cours particuliers avec H. donnent lieu à des échanges drôles. Habitué à contrôler, à diriger, à maîtriser, il tente de modifier les pas, de s'arranger de ce que je lui dis, de réduire, d'ajouter, mais en termes de rock, je suis intransigeante, je ne lâche rien.

Puis un jour, au détour d'une conversation, d'un échange, d'un cours, entre un fou rire et un pas, qu'il ne va pas apprendre parce que ça ne l'arrange pas, entre un pas de base et une ouverture danseuse…

— Il faut que tu crées ton studio.

Depuis Paris, mon mariage, les essais de bébés, depuis mon directeur, depuis que je suis toujours incapable de me positionner, de dire non, depuis l'énergie que je dépense au quotidien pour faire illusion, pour sourire, pour dire que tout va bien, depuis tout ça, j'ai oublié mon idée, je l'ai laissée s'évaporer dans le marasme de ma vie, dans mes larmes de fatigue et mon hypersensibilité à fleur de peau. Je l'ai posée dans un coin, cette envie pourtant si forte et j'ai fini par l'oublier, j'ai fini par me dire que je n'en étais pas capable, que j'étais trop nulle pour ça, j'ai fini par ne même plus l'imaginer. Arrêter d'imaginer, c'est arrêter de vivre, c'est arrêter de créer des possibles, c'est s'éteindre petit à petit…

— Ça n'est pas possible… mon mari, mon projet de bébé, je n'ai pas les capacités, je n'ai pas les moyens financiers, je serai incapable…

C'est fou, le nombre d'arguments qu'on trouve !

Des mois durant, il me répète la même chose. Parfois, avant son cours, au coin de la rue de Lévis, on va boire un café, il casse mes arguments les uns derrière les autres et il me donne les siens.

— Tu es capable, tu vas y arriver, c'est simple, tu es une super prof et tu as les épaules pour le faire.

Je l'écoute attentivement. Je le vois comme « celui qui a réussi, celui qui réussit ». Je le vois comme un chef d'entreprise et je suis touchée qu'il me voie comme quelqu'un qui a les capacités d'y arriver. Comme E. quelques années auparavant, il est en train de me donner l'autorisation, il me donne la reconnaissance dont j'ai besoin et il a confiance en moi.

Je me prends au jeu de ce qu'il me dit, je finis par le croire, et par évoquer l'idée auprès de mon mari qui ne voit pas le projet de cet œil.

— Tu ne sais pas ce que c'est d'être chef d'entreprise, tu n'y arriveras pas, ce n'est pas une bonne idée, il faut des moyens, tu ne les as pas, c'est du travail, il faut apprendre à gérer, tu n'as pas fait d'école de commerce.

Pendant de longs mois, je fluctue entre H. qui me donne une motivation de dingue et lui qui me renvoie irrémédiablement dans ce que je pense de moi : « Je suis nulle. »

Et comme ça ne suffit pas, je suis convoquée par mon directeur qui m'interdit de prendre un café avec un élève, il m'a croisée au bout de la rue.

Qu'à cela ne tienne, nous irons un peu plus loin.

— Monter une boîte, c'est dur. Tu vas travailler, beaucoup, tout le temps, tu vas perdre tes amis parce que tu ne pourras plus les voir, tu vas t'accrocher parce que tout ne va pas rouler, tout le temps, mais ça vaut le coup, fais-le !

Il rigole en disant ça, mais je sais qu'il sait de quoi il parle et j'en ai de plus en plus envie.

À la maison, c'est toujours une fin de non-recevoir et pour couronner le tout, il s'est mis en tête que je le trompe avec H… Problème d'ego mal placé. Finalement, je ne sais pas ce qui le dérange le plus : cet homme qui me prodigue des conseils et qui me motive ou la peur de plus en plus grande que je prenne (enfin) le contrôle et la responsabilité de ma vie en quittant le salariat ?

J'y crois de plus en plus, à ce projet, j'y crois et je l'imagine de plus en plus ; pourtant, je sais qu'il va me coûter une somme incalculable de disputes et de justifications… Je suis loin de m'imaginer à quel point.

Et comme dirait « notre grand philosophe » Paulo Coelho :

« Quand tu veux quelque chose, tout l'univers conspire à te permettre de réaliser ton désir. »

Je focalise tout sur cette phrase !

Le temps m'a appris combien elle est vraie, c'est ce qu'on appelle aussi la loi de l'attraction… Crois en quelque chose, mets en place tout ce qu'il faut, et fais confiance à l'univers… Y croire ne suffit pas évidemment, il faut aussi l'incarner, le ressentir dans chacune de ses cellules, le respirer par chacun de ses pores et je crois aussi qu'il faut célébrer ! Célébrer ce qui n'est pas encore là, le chérir, le préparer avec joie et bonne humeur, malgré la peur, malgré les vents contraires, malgré tout ce que la vie et les gens mettent sur notre chemin pour nous prouver par A + B que c'est vraiment une excellente mauvaise idée !

Je crois profondément à ce que me dit H., j'ai confiance en lui et lui croit profondément en moi, c'est un cercle vertueux. Je ne sais pas si lui a conscience de l'impact qu'il a sur moi, ni même du rôle qu'il joue, je ne sais même pas s'il l'a compris depuis, faudra que je lui pose la question. Il n'en reste pas moins que chaque jour un peu plus je dessine la trame de mon projet… dans ma tête, mais je la dessine.

Les essais de bébé étant toujours infructueux, le médecin nous dirige vers les inséminations. J'ai une profonde admiration pour toutes ces femmes qui s'engagent dans la PMA en étant salariées… Examens à des heures bien précises, prises de sang, là et pas autrement, transfert d'embryon dans deux heures ou quasi… Mon directeur s'agace, pourtant je ne suis jamais absente, pourtant je donne tout ce que je peux, pourtant, je suis là, je travaille, je jongle entre tout, mais il s'agace.

— Fatiguée comme ça, tu ne tomberas pas enceinte !

C'est bien, il y a toujours quelqu'un pour m'aider et me tenir un discours à me couper l'herbe sous le pied, non, vraiment, c'est agréable…

Et puis, tout s'accélère.

Je demande à partir une heure plus tôt un week-end de 14 Juillet, le directeur dit oui, puis le matin même, il change d'avis sans raison. Nous devons prendre un train, mon mari est très énervé, je me retrouve, une fois de plus entre « deux autorités ».

– « Non, vous ne partez pas. »

– « Tu t'en vas, quoi qu'il dise. »

Et moi, en larmes… de faire ce que mon mari demande, je suis la gentille femme qui écoute son mari ou son directeur, au choix.

Les hostilités sont ouvertes !

La reprise est froide, tendue, mais on donne le change.

Il change mes horaires de travail, ajoute des cours, me reproche des pauses de vingt-trois minutes au lieu de vingt minutes, trouve qu'on rit trop avec l'équipe… qui veut tuer son chien…

Je prends sur moi, je sais super bien faire !

En parallèle, je commence à préparer mon projet, je me demande où je pourrais donner les cours, de combien d'argent j'ai besoin. Mon mari veut que je fasse des tableaux Excel, j'ajoute, je soustrais, je divise à coups de feutre et de feuille de papier, je suis un « petit boutiquier », un « artisan » et j'aime ça. Mon enfance a été bercée par les calculs que ma mère faisait pour son salon de coiffure, je suis imprégnée de ça. Pour être totalement juste, mon enfance a été bercée par les calculs que mon père faisait pour le salon de ma mère et je ne voulais absolument pas reproduire ça.

Tu ne crois pas en moi ? Qu'à cela ne tienne, je vais te montrer ce dont je suis capable. Celui qui croit en moi a déjà monté plusieurs boîtes, il est crédible, je vais y arriver.

Je base la totalité de ma réussite sur le fait que quelqu'un croit en moi, c'est quand même un truc un peu étrange. J'ai mis excessivement de temps à faire quelque chose sans avoir besoin que quelqu'un me donne ma légitimité.

« Bonjour, j'ai besoin d'un prof de danse pour un couple de futurs mariés. »

« Ludivine, je t'en parle, vas-y, si tu veux, mais ça reste entre nous. »

C'est la responsable d'un établissement dans le 6e qui a téléphoné. Elle reprend l'institut de beauté de ses grands-parents et au premier étage ils avaient une école de danse. Elle veut relancer l'activité.

Mon contrat m'interdit d'aller donner des cours ailleurs, même au profit de l'école (ce qui est une erreur, mais c'est un autre sujet). Mon collègue a pris le coup de fil, il sait que ça tourne au vinaigre, il me propose d'y aller. Ce qui nous a toujours sauvés des sautes d'humeur du directeur, c'est l'entente qui règne entre nous, nous avons beaucoup ri, mes collègues et moi, dont un qui ne donnait pas de cours de danse, avec qui j'ai pris un plaisir dingue à travailler et accessoirement à faire sauter du pop-corn dans le micro-ondes… Ce qui dérange le directeur, c'est surtout l'impression que nous faisons clan (ce qui est le cas) et qu'il ne fait pas partie de ce clan. Alors, il se poste en bas, pendant que nous travaillons à l'étage, arrive comme une petite souris et écoute nos discussions… Ce qu'il ne sait pas, c'est que mon hyperacousie est capable de le repérer dans l'allée même s'il arrive en chaussons !

C'est un très bel établissement à proximité du Sénat, dans un Paris que je ne connais pas, majestueux, imposant, plus froid que le 17e, mais tout aussi beau. Un établissement repris par la petite-fille, volubile, hyperactive, très stressée. M. m'accueille entre deux rendez-vous, deux entretiens, deux problèmes… M. est toujours entre deux. Elle me propose de développer les cours de danse, elle veut relancer l'école de ses grands-parents.

La salle est sublime… Du parquet, un vieux miroir piqué par le temps, trois immenses fenêtres en ellipses auxquelles sont accrochés de lourds rideaux de coton beige, tout est beau, et l'idée de donner des cours ici me réjouit, moi qui aime tant le beau. Et puis, c'est un peu un retour aux sources, je suis beaucoup venue danser à Saint-Michel quand je suis arrivée à Paris. Des nuits au *Caveau de la Huchette*, haut lieu du swing, petite cave coupée du monde dans laquelle j'ai transpiré de bonheur des heures et des heures durant.

— Je vous paie au pourcentage et le temps que votre clientèle arrive, vous faites quelques heures à l'accueil de l'institut de beauté.

L'arrangement me paraît bien pour lancer mon activité.

Je prends le temps d'essayer de discuter un départ avec mon directeur qui met tout en œuvre pour que je m'en aille. Il me pousse à la faute, me cherche des poux, sans succès. Son karma se retourne contre lui lorsque je reviens de faire une prise de sang et qu'il se persuade que je suis enceinte. Il me propose une rupture conventionnelle, trop inquiet à l'idée que je m'arrête sous peu. Je ne suis (toujours) pas enceinte, j'accepte sa rupture sans comprendre. C'est quelques mois plus tard, quand d'anciens élèves viennent me voir en me demandant si mon bébé va bien, que je comprends.

Mon site Internet est en cours de création, je cherche un nom pour l'école. Je veux un nom qui rappelle les salons du 18e dans lesquels les dames se réunissent pour échanger, philosopher, construire une autre façon d'être au monde, je suis d'un autre temps, du siècle des Lumières, mais je n'en ai pas la culture. Je veux aussi un nom qui rappelle le métier de ma mère qui, comme moi, exerce devant un miroir…

Je pense à « Les Salons de Ludivine », une amie qui bosse dans une boîte de com me propose d'inverser et de suggérer l'idée d'un nom de famille : « Ludivine les Salons », l'école de danse est créée.

Je signe ma rupture conventionnelle, je suis prête pour l'aventure… J'ai peur, mais je suis prête.

Ludivine les Salons

Un site Internet et pas de clients.

Pendant de longs mois, Ludivine les Salons, c'est ça.

J'assure l'accueil chez M. qui ne me paie pas, elle ne paie personne d'ailleurs jusqu'à ce que quelqu'un râle – elle paie celui qui crie le plus fort.

Décembre, quatre mois d'activité… H., qui suit le développement, m'invite à me calmer : « C'est le début », « C'est normal », « Faut lancer la machine ». Quand je m'entends aujourd'hui accompagner les jeunes créateurs d'entreprise, je m'amuse à répéter ce qu'il me disait à ce moment-là. Il me donne une idée :

— Mets quelques campagnes *AdWords* sur les ouvertures de bal de mariage.

C'est un robinet qui s'ouvre. Les campagnes publicitaires sont extrêmement bien faites, c'est l'avantage de vivre avec un névrosé, tout est passé au peigne fin. Les futurs mariés voient l'annonce, cliquent, je corresponds exactement à ce qu'ils cherchent.

Je commence à remplir les stages de valse que je propose. Comme la pédagogie me fascine, je les ai organisés de façon qu'en deux heures trente les gens puissent avoir les bases de la valse et soient capables de se débrouiller. L'argent commence à rentrer… sur le compte de M., qui ne me rétribue pas comme prévu initialement.

Début du printemps, accélération de la saison des mariages, de plus en plus de cours, et M. continue d'encaisser.

Un dimanche d'avril, j'accueille un couple que j'aime beaucoup à qui j'ai déjà donné des cours dans le 17e. Avocat, il trouve l'endroit sublime, me félicite de tout le travail accompli, me demande si je suis contente. Je fonds en larmes, lui explique que je donne tout mon chiffre à M., que depuis des mois, elle ne me reverse rien, et que je crains que ce soit définitif.

— Vous donnez combien de stages aujourd'hui ?

— Deux, un ce matin, un cet après-midi.

— Ça correspond à combien de chiffre d'affaires ?

— 1 620 euros [hypermnésie, merci…].

— Comment la clientèle arrive-t-elle à vous ?

— Par mon site.

— C'est votre clientèle, vous gardez cet argent tant qu'elle n'a pas réajusté.

J'ai l'impression de la voler, je suis dans un état de stress absolument dingue à l'idée d'être déloyale, pas droite, voleuse, de ne pas respecter le contrat… J'oublie qu'elle ne le respecte pas non plus.

Elle n'a jamais réajusté.

Tous mes stages de la saison sont pleins, inscriptions payées.

Tous mes créneaux de cours particuliers sont réservés.

Elle a changé les serrures du studio ! J'ai des clients, mais plus de salle pour donner mes cours !

Je fonds en larmes… Oui, je fonds beaucoup en larmes, c'est mon moyen d'évacuer le stress et ça ne changera jamais ça – hypersensible.

Un mardi soir, je suis chez moi, je donne un stage le dimanche, je n'ai pas de salle.

Je lance mon activité, je ne me vois pas dire à tout le monde « En fait, je n'ai pas de salle, je ne peux pas ». Ce sont de futurs mariés, la date de leur union ne va pas changer, ils ne peuvent pas modifier.

Je suis dans la panade et pas qu'un peu !

C'est la grande période des sites « Groupon » qui vendent à des prix imbattables des services quasi inaccessibles. Sur Groupon, il y a beaucoup de salles de sport qui proposent des cours, moi, ce que je cherche, c'est une salle.

Je prends mon téléphone et j'appelle patiemment chacune des salles : quatre-vingt-dix-sept coups de fil… quatre-vingt-dix-sept !!!

Je me décourage, mais je n'ai pas le choix, j'ai besoin d'une salle !

Je continue, encore et encore, et le miracle arrive.

C'est même un double miracle puisque Alex, la chouette nana qui propose de me louer sa salle, est dans le 17e à quatre cents mètres à pied de l'école de danse où je travaillais. J'adore cet endroit, je suis ravie !

Elle me loue une salle 40 euros de l'heure pour mes stages, un petit espace qui relève plus du couloir qu'autre chose entre deux vestiaires, 30 euros de l'heure pour mes cours particuliers.

C'est un gros budget, il me faut donner encore plus de cours, pour la payer et payer mes charges, mais c'est une sacrée opportunité.

Ludivine les Salons commence « pour de vrai » de cette façon, dans une salle de Gyrotonic, entre des machines que je pousse pour donner mes cours, la joie de vivre d'Alex et mon bonheur d'avoir trouvé un endroit où je suis bien.

Le chiffre rentre, mon mari continue à penser que je ne réussirai jamais à gérer. Il est désespéré par ma façon de faire les comptes, par l'inconscience qui me caractérise selon lui, par tout ce que je ne sais pas faire et qui fait que cette école va couler à court ou moyen terme et mettre notre couple dans une situation délicate.

Je ne suis toujours pas enceinte, croiser des femmes enceintes m'arrache les tripes, je prends différents types de traitement, je vais voir tous les spécialistes de la Terre, des plus scientifiques aux plus improbables, je fais des examens à n'en plus finir, je dépense des sommes folles pour que quelqu'un m'explique, pour que je comprenne pourquoi je n'y arrive pas.

« Stérilité idiopathique », voilà ce qu'en concluent les médecins… Inexpliquée en quelque sorte.

Je fais quoi moi, avec ça ? Comment je trouve des solutions à quelque chose d'inexpliqué ? Je ne supporte pas les choses inexpliquées, ce qui est inexpliqué m'agace au plus haut point.

Comment je vais être enceinte si c'est inexpliqué ?

Je ne saurai jamais si l'état de tension qui règne à la maison a joué, mais je ne peux pas croire le contraire.

Toujours entre deux crises, toujours en hypervigilance, je les guette pour mieux les vivre. Des crises d'angoisse fréquentes, la nuit, le jour, dont je suis responsable selon lui.

J'ai une chance merveilleuse, je fais un métier que j'aime, H. m'épaule toujours, professionnellement je prends de plus en plus confiance. C'est d'ailleurs là que c'est insidieux : avoir à peu près confiance en moi pour mon activité puis quand je rentre à la maison, lui laisser prendre la totalité du contrôle sur ma vie.

Je donne de plus en plus de cours, la salle me coûte de plus en plus cher… en fait, je paie quasiment le loyer.

H. me pousse à passer à l'étape d'après, prendre un studio ; mon mari me dit que je ne m'en sortirai jamais, que je vais mettre notre couple en danger et notre situation financière avec… éternel recommencement.

Prendre un studio engage d'autres frais, un loyer récurrent, passer du statut d'autoentrepreneur au statut de société : prendre un studio, c'est devenir cheffe d'entreprise.

Absolument pas sûre de moi, j'arrive à un stade où son manque de confiance est tellement flagrant que créer ce studio me devient vital, y aller ou m'écrouler.

Au fur et à mesure des conversations, je réalise que tout le monde croit en moi, sauf lui.

Mon beau-père (le mari de ma mère) dont je suis très proche (même si parfois on s'engueule très fort) entretient depuis aussi longtemps que je le connais quelque chose d'essentiel, la confiance en moi et cette foutue reconnaissance.

— Toi, je sais que tu t'en sortiras toujours.

Je me nourris souvent de cette phrase quand je doute, quand j'hésite, quand j'ai peur. L'image que mon beau-père a de moi, cette idée de débrouillardise, d'ancrage, alors que je me crois saltimbanque et totalement éthérée, cette perception forte venant de lui, pragmatique, terre-à-terre, tellement ancré dans la réalité, me rassure.

L'idée commence à germer dans ma tête, je me plais à imaginer ce lieu, cette école, ce studio, ce chez-moi, terrain de tous mes possibles.

« Rien n'est plus fort qu'une idée dont l'heure est venue… » dit Victor Hugo.

Je sais où je veux installer l'école de danse, je commence à regarder les annonces.

Je me rappelle exactement où je suis quand je trouve le local qui va devenir le studio.

La photo sur laquelle je m'attarde est assez floue, mais…

J'appelle les propriétaires qui me proposent une visite. Je précipite mon retour de Nîmes où j'étais partie passer quelques jours.

23, rue de Saint-Pétersbourg, Paris 8, c'est un matin d'hiver et je vais visiter ce qui est pour l'instant une agence d'artistes.

Rez-de-chaussée dans un immeuble haussmannien riche, trois immenses et magnifiques fenêtres donnant sur rue, un accueil, une salle de bains, une petite cuisine, une salle, quarante-cinq mètres carrés et un coin qui donne sur la salle. Au sol, un parquet point de Hongrie très abîmé. Une peinture jaune totalement délabrée orne les murs, et une horrible odeur de tabac froid stagne… Les locataires fumaient dans les locaux ! Je mettrai six mois à me débarrasser de cette odeur. Les portes sont en chêne massif, un bois magnifique et puissant, j'entends encore le bruit de la double porte qu'on ferme pour séparer l'accueil de la salle. Au fond de la grande pièce, une cheminée, surplombée par un miroir. C'est un appartement dont on a enlevé les cloisons et j'imagine déjà ce que je vais pouvoir en faire.

La première conversation avec les propriétaires est improbable… à l'image de toutes les autres ! C'est monsieur qui parle, mais c'est madame qui prend les décisions. En revanche, madame ne parle jamais. Madame impose, cadre, dirige, décide, mais ne prend pas le téléphone… c'est d'un pratique ! Notre première rencontre a lieu dans une vieille Mercedes conduite par leur chauffeur, au détour d'une avenue parisienne… Le rendez-vous se fait dans la voiture, rien que ça ! Lui, comme au téléphone, calme, balbutiant, attendant ses directives, elle, serre-tête large de velours noir, grosses lunettes noires, cheveux longs et gris, exige.

— Il y a deux demandes pour le 23, l'autre demandeur veut faire ajouter une cloison, je ne suis pas d'accord, je suis professeur de piano (c'était son studio pour les cours), vous êtes professeure de danse, je vous donne la primeur. Le bail se signera chez huissier, il est à votre charge, l'état des lieux sera fait par un huissier, à votre charge, je souhaite trois mois de dépôt de garantie et trois mois de caution bancaire parce que vous n'avez pas de bilan puisque vous êtes autoentrepreneur. Le montant du loyer est de 2 200 euros hors charges et il augmentera en fonction du locatif.

Elle met dans mes mains une liasse de papiers auxquels je ne comprends pas grand-chose en même temps que je fais le calcul dans ma tête… Je dois trouver 14 000 euros pour avoir le local… sans compter les travaux !

…14 000 euros !

Mon autoentreprise a un petit matelas, mais pas assez pour couvrir les frais, mon mari pâlit quand j'annonce le montant et me confirme que tout ça n'a pas de sens, je n'y arriverai jamais.

Après maintes réflexions et un passage chez le notaire pour être certain qu'il ne risque rien – l'amour, c'est bien, mais il y a des limites –, je me mets en quête de 14 000 euros.

L'ouverture de cette école de danse a été un enchaînement d'aides du ciel, de beaucoup d'énergie déployée et aussi, de beaucoup de travail.

Pour ma part, je suis décidée à ne rien lâcher, je ne sais pas pourquoi, j'ai l'impression que cette école va changer ma vie, je ne me trompe pas. Ma rencontre avec un directeur de banque drôle et confiant a été une chance que je n'aurais jamais pu imaginer. Il a assuré tout ce que les propriétaires ont demandé, sans garantie de la réussite de ce projet naissant et complètement atypique. Il m'a aidée dans les moments de doute, m'a soutenue quand l'activité avait des coups de mou, et je suis certaine que la confiance qu'il m'a donnée m'a permis de repousser mes propres limites. Et puis, depuis maintenant quatorze ans qu'il me connaît et d'aussi loin qu'il me voit, il m'appelle Barbie Dance et ça me fait rire.

Finalement, entre la banque, le prêt de mes beaux-parents (avec reconnaissance de dettes) et le coup de pouce de mes parents, je réussis à réunir la somme nécessaire – quand on veut, on peut !

Veille du rendez-vous chez l'huissier pour la signature du bail, après des mois et des mois d'essais infructueux, après avoir traversé Paris avec un tube à essai contenant mes embryons, après des années de larmes et de lassitude, je découvre la deuxième petite bande sur mon test de grossesse : je suis enceinte…

Et puis, lutter toujours[6]...

La salle est quasi vide. On a refait les peintures, du blanc partout et deux murs roses... ça ne date pas d'hier. Quelques années après, les murs roses seront repeints en rouge.

Elle est petite, comparée à toutes les autres écoles de danse ; j'en fais un argument commercial.

— Elle est petite, votre salle !

— Oui, c'est fait exprès, je voulais une petite salle pour faire des cours beaucoup plus personnalisés.

C'est faux !

La vérité, c'est que j'ai pris une petite salle parce que je n'avais absolument pas les moyens de prendre une salle plus grande... Mais ce qui pouvait être vu comme un défaut initialement est devenu la force de l'école, j'ai réussi à y croire tellement que les gens venaient parce que c'était petit, donc personnalisé et tout le monde aimait ça.

Je continue, chaque jour, à expliquer aux femmes que je forme sur leur entreprise que chaque défaut a priori doit être transformé ! Il n'y a pas de problème qui n'ait sa solution.

J'ouvre en avril, en pleine saison des mariages. J'ai mis de petites lampes partout pour que la lumière attire l'œil quand les gens passent dans la rue. Je ne laisse rien au hasard, jamais – vous avez dit *control freak* ? Je fais déhousser et rehousser des petits poufs

« suédois » pour qu'ils soient raccord avec l'esthétique de l'école, rapidement j'investis dans un grand miroir qui change totalement la pièce et qui restera le dernier sujet de discorde avec mes propriétaires dix ans plus tard… Je fais faire des barres de danse sur mesure, j'installe d'immenses rideaux. L'école est magnifique, j'en suis très, très fière parce que je suis arrivée là où je voulais arriver même si j'ai parfaitement conscience que tout reste à faire.

Alors, je suis capable ?

Je suis seule à donner les cours, d'ailleurs je suis seule à tout faire. Je donne les cours de danse de société, rock, salsa, bachata, cha-cha-cha, les enfants le mercredi… Je fais énormément d'enterrements de vie de jeunes filles (reçues avec des biscuits « petits cœurs » au chocolat, je veille à tous les mettre à l'endroit dans le plat… *control freak* !), des préparations d'ouverture de bal de mariage… Des saisons avec plus de quatre cents couples pour le mariage, de la folie ! Et puis, un concept importé du Canada avec l'accord du créateur : les bébés danseurs ! Ma marque déposée, qui a été piquée cent fois depuis 2010, mais quand (encore aujourd'hui) je vois un cours de bébés danseurs, je suis fière de me dire que c'est moi qui l'ai fait venir. Le principe est simple, pour le prof qui le fait au Canada, qui appelle ça salsa bébé, c'est un cours de salsa en porte-bébé… Moi, je le modifie un peu et je le transforme en bébé danseur. On garde le principe du porte-bébé avec la maman ou le papa, mais j'intègre différentes danses et on en profite pour travailler le positionnement du corps.

Je m'occupe de la comptabilité, des courses, je suis à tous les postes, je découvre ce que c'est qu'être cheffe d'entreprise et ça n'est pas simple du tout. À la maison, mon mari veut faire les comptes de l'école, j'ai vu mon père faire ça avec ma mère des années durant et ça m'a suffisamment pourri l'enfance pour que je n'aie pas envie de reproduire ça. Il a passé des années à m'imposer de lui donner les codes pour l'accès aux comptes de l'école, c'est le seul truc sur lequel je n'ai jamais transigé. Je ne voulais pas qu'il prenne ce contrôle-là. Alors, sa peur, encore et encore, ses angoisses, encore et encore… mais ça, je ne lâcherai pas.

— Le cœur ne bat plus, c'est fini.

Quelques mots, peu d'explications, je viens d'ouvrir mon école, ma grossesse s'arrête… Je suis au trente-sixième dessous… tout ça pour ça… Alors pour mieux voir ma tristesse, peut-être pour que tout s'éclaire… je vais acheter deux gros lustres pour l'école. Des lustres à pampilles qui me rappelleront ce bébé jamais venu chaque seconde durant lesquelles je regarderai les vingt-deux ampoules de chacun.

— Ça veut dire quoi ? Je fais quoi ?

— Vous allez prendre ces deux cachets dimanche et il s'évacuera par voies naturelles… Restez chez vous.

Comment on peut dire ça, comme ça, à une jeune femme ? C'est ahurissant…

— Je travaille dimanche, je ne peux pas…

— Prenez-les en milieu de journée.

Alors, dimanche, un petit quelque chose dans le ventre qui n'est déjà plus, entre deux stages de valse, je prends mes deux cachets. À chaudes larmes, alors que les uns viennent de partir dans l'énergie du mouvement de la valse, alors que je n'ai pas encore ouvert aux suivants, je pleure toutes les larmes de mon corps, mais je dois continuer, je dois travailler, je dois retourner sur le parquet. Je fixe sur mes lèvres un sourire de façade et je vais faire ce que je sais faire… Et ce sont eux qui me remontent le moral, sans savoir ce qui se joue, sans avoir la moindre idée de ce que je suis en train de vivre, leur bonheur à l'idée de se marier devient un peu communicatif. J'ai mal, mais je continue.

Le pire souvenir de ces dix ans... Pliée en deux de douleur, une fesse posée sur le tabouret pour ne pas m'asseoir, mais juste récupérer un peu, quelques secondes puis me remettre à danser.

Lundi, il est parti travailler... Je suis restée seule avec l'impression qui n'en était pas une que tout mon ventre se vrillait, aucune position plus douce, plus confortable, rien... Avec la douleur du ventre, celle de la tête et celle du cœur, avec cette sensation qu'on arrache un morceau de moi et puis, finalement, au bout de plusieurs heures de douleurs insoutenables, naviguant entre les larmes de colère, d'injustice et de profonde tristesse, mon corps s'est vidé, comme une chatte qui se réfugie dans un coin pour mourir sans gêner personne, même si je ne suis pas morte, une part de moi est partie...

Je suis allée travailler, comme la veille, comme le lendemain, comme pendant les huit ans qui ont suivi, pour réaliser ce projet qui me tenait tellement à cœur... avoir un enfant. Dans mes rêves, je n'en suis plus à quatre, j'en suis à un... déjà...

— Les inséminations n'ont pas fonctionné, on va passer aux FIV.

Huit ans...

Piqûres d'hormones à des heures bien précises, prises de sang tous les deux jours, échographie endo vaginale tous les trois jours, suivi, ponction d'ovocytes sur un corps gonflé d'hormones et de douleur, congélation d'embryons, transfert d'embryons, attente, larmes, décongélation d'embryons, transfert d'embryons, attente, larmes.

Les embryons n'ont pas résisté à la décongélation.

Il n'y a plus d'embryons.

On recommence à zéro.

— La Sécu prend en charge quatre FIV jusqu'à 42 ans.

— Et si ça ne marche pas ?

— Vous pouvez continuer… à votre charge.

— …

— La ponction ? Anesthésie locale, madame, ça ne fait pas mal.

Pourquoi ? Pourquoi est-ce que je donne mon corps à des médecins qui ont zéro empathie et encore moins de douceur ?

Pourquoi il ne me considère pas, pourquoi je souffre comme ça, pourquoi j'accepte ?

Parce que je veux un enfant, parce qu'« on » m'a dit qu'il était le meilleur, parce que j'ai cru « on », alors j'ai payé très cher un hôpital américain pas conventionné, avec des dépassements d'honoraires frisant le délire, parce que je veux ce qu'il y a de mieux pour être sûre de réussir, parce que je veux mettre toutes les chances de mon côté.

Je sors de la première ponction dans un état de douleur que je n'envie à personne, le médecin est surpris.

— Vous êtes douillette, non ?

Vous avez essayé ce que je viens de vivre ?

Vous avez essayé les jambes écartées avec toute une équipe autour après des jours et des jours d'examens plus invasifs les uns que les autres ?

Vous avez essayé le manque d'humanité qui nous pousse à nous taire parce qu'on craint que vous ne vouliez plus de nous, parce qu'on veut que ça fonctionne même si on souffre !

Vous avez essayé les piqûres tous les jours entre deux cours de danse et parfois même pendant les cours, prétextant un cachet ?

Vous avez essayé le regard de votre mari qui ne trouve à dire que « Tu as grossi » et « C'est quand même très contraignant tout ça » alors qu'il n'a ni les examens ni les salles d'attente bondées dans les quartiers huppés où on vous appelle par un numéro ?

Vous avez essayé la détresse, la culpabilité, la peur de ne jamais y arriver ?

Vous avez essayé tout ça avant de me dire que je suis douillette ?

Vous avez essayé d'entendre quatre fois par semaine depuis des années « Déshabillez-vous et écartez les jambes », sans une once d'humanité ?

Vous ne savez rien de tout ça et vous me dites que je suis douillette ?

Fin de la deuxième FIV… échec, échec, échec.

— Mais pourquoi ça ne marche pas ?

— Madame, vous avez plus de 35 ans, c'est une grossesse gériatrique…

Je suis désespérée, on est à la moitié du parcours, rien ne fonctionne, je vois mes chances de tomber enceinte s'amoindrir.

J'appelle l'hôpital pour une stupide question d'organisation en expliquant à la secrétaire que ça n'a encore pas fonctionné…

— Qui est votre médecin ?

— Le docteur E.

— Je ne devrais pas vous le dire, mais commencez par changer de médecin, appelez le docteur T.

Baffe. Tendre l'autre joue ?

Le docteur T. a pris le relais, je gagne en humanité, beaucoup, rien à voir, mais ça ne fonctionne pas mieux…

Corps gonflé par les hormones… Le corps est fait pour produire un ovocyte par cycle, pas vingt. Il doit bien y avoir une raison… Douleurs, fatigue, prise de poids.

— Dis donc, t'as pris du poids, non ? (Amour marital.)
— Je me shoote aux hormones…
— C'est embêtant que tu grossisses comme ça…
— …

L'impression d'avoir la tête et le corps sous l'eau, quand je sors un peu la tête… mon mari appuie dessus.

Est-ce essentiel d'être enceinte ?

Est-ce que je me sens capable d'être maman sans porter cet enfant ?

Et si on faisait appel à une mère porteuse aux États-Unis ?

Qu'est-ce que je veux finalement ?

En parallèle, l'école tourne bien. Très bien, même. J'ai besoin de temps pour mon parcours PMA qui me fatigue, je suis seule, je découvre les joies d'être cheffe d'entreprise et tout ce que je ne sais pas faire. Face à mon mur blanc, j'ai l'impression que cette tâche est insurmontable et ce n'est pas avec les angoisses qui règnent à la maison que je vais la surmonter.

J'appelle la Chambre de commerce, j'intègre un club d'entrepreneurs et j'apprends ce métier. Beaucoup plus d'hommes que de femmes et pour couronner le tout je dirige une école de danse… je suis une extra-terrestre, mais je prends tout. Je les écoute diriger, je fais en sorte d'utiliser chacun de leurs outils en les adaptant à ma structure. Aujourd'hui, c'est devenu naturel, chacune des expériences que je vis, chaque entrepreneur que je rencontre me permet de repenser mon entreprise à l'aune des outils qu'il utilise et j'adore faire ça.

Avec eux, j'apprends à communiquer, à marketer, à pitcher, j'apprends autant à faire que du vocabulaire qui m'est totalement inconnu, je n'ai pas fait d'école de commerce comme dirait… qui vous savez.

Je me souviens que quand j'étais gamine et que ma mère recevait son représentant Schwarzkopf à la maison, j'élaborais des théories qui disaient qu'il valait mieux vendre beaucoup pour pas cher que peu pour très cher… Je n'ai pas fait marketing première langue, mais j'adorais écouter ces conversations de grands qui embarquaient mon cerveau dans des réflexions sur comment on achète et comment on vend.

Ma tante me disait : « Tu vendrais des chapeaux à des gens sans tête. »

J'aime vendre, j'aime l'excitation que me provoque le fait de parler de quelque chose en quoi je crois très fort. J'aime tout vendre pourvu que j'y croie, j'adore. Après le confinement, j'ai vendu des descentes en raft et en canyon alors que je suis une grosse flippée et que je n'en avais jamais fait, mais je savais que c'était canon.

J'aime penser les gens, imaginer ce qui les pousse à acheter, j'aime résoudre des problèmes, trouver des solutions, j'aime cette gymnastique du cerveau, comprendre comment les gens fonctionnent puis par extension comprendre comment ils vendent, comment ils gèrent leur boîte, comment ce qu'ils font peut leur permettre de gagner leur vie. Je ne passe pas un jour sans, devant une boutique, faire un calcul rapide de rentabilité, et pour ça, pas besoin d'avoir fait une école de commerce, un papier et un stylo suffisent !

Quand j'accompagne les jeunes chefs d'entreprise sur le développement de leur boîte, je leur dis toujours que l'essentiel, c'est de comprendre que un moins un ça fera toujours zéro !

Prenez un papier et un stylo, calculez vos charges et après, uniquement après, on commencera à discuter !

C’est un vrai bonheur pour moi.

— Tu seras coiffeuse, comme maman ?

— Jamais !

Ce que j’ai aimé dans le métier de ma mère, c’était ce boulot de cheffe d’entreprise. Je rêverais qu’elle continue à travailler et que je m’occupe du développement, car ça, j’adore !

— Mais pourquoi ne veux-tu pas être coiffeuse comme maman ?

— Parce que je n’imagine pas avoir quatre dames qui poireautent devant mon salon à 8 h 20 alors que j’ouvre à 8 h 30 ! Parce que je n’aurai pas la patience de sourire à ce moment-là !

Traumatisme – petit, mais traumatisme quand même… Je n’ai jamais compris pourquoi elles faisaient ça et encore moins pourquoi ma mère ne leur a jamais rien dit.

En fait, si, ça, je sais. C’est parce que ma mère est gentille. Profondément gentille, maladivement gentille… Je crois que ma mère a une tendance à l’abnégation. Je ne connais que deux personnes au monde comme ça : ma mère et mon mec. Ils sont gentils, tout le temps. Ils ne voient le mal nulle part, ils ne bitchent jamais, c’est un truc de dingue… Je suis à peu près l’opposé de ça. Je ne suis pas méchante, je me pense même profondément gentille, mais je me méfie, je bitche un peu. Heureusement que mon beau-père est là pour bitcher avec moi… (Merci, Bernard.) Ma mère est dévouée à sa clientèle, je suis admirative de la façon dont elle a mené sa carrière de cheffe d’entreprise, je n’ai jamais eu l’impression qu’elle stressait du lendemain. Je n’ai jamais eu l’impression qu’elle s’est dit un jour que tout pourrait s’arrêter, je ne l’ai jamais ressenti. J’ai vu ma mère travailler, beaucoup, énormément, toujours… Des journées à rallonge sans jamais l’entendre râler ni se plaindre. Je lui en ai voulu de ne pas m’accompagner à la danse, de ne pas être là le mercredi quand mes copines avaient leur maman avec elles. Je lui en ai voulu de tout ce temps que je n'ai pas eu pendant toutes ces années. Pourtant, je sais qu'elle a tellement eu raison de faire ce métier qu'elle a tant aimé. Aujourd'hui, je comprends, mais petite, elle m'a tellement manqué...

Il y a quelques mois, elle a pris sa retraite et je n'ai pas aimé ça du tout. Oui, je suis pénible. J'ai toujours connu ma mère en train de travailler, ça m'a fait terriblement peur de la savoir sans boulot.

— T'es certaine que tu ne veux pas être coiffeuse comme maman ?

— Ouuuuuiiiiiii !

Parce qu'il y a un autre truc qui m'agaçait profondément quand j'étais petite, c'était le temps que ma mère (et par conséquent moi, puisque j'étais avec elle) mettait pour aller de sa voiture au salon, parce qu'elle parlait à tous les commerçants du quartier... Du réseautage à peine déguisé ! J'avais l'impression que ça ne finirait jamais...

— Ça va ?

— Oui, et toi ?

— Oui, super !

— Allez, bonne journée !

Et rebelote, trois, quatre fois avant de rejoindre le salon.

Ça m'exaspérait !

Un jour, en arrivant à l'école de danse à 10 h 45 alors que je sors du métro à 8 h 30, je me demande comment j'ai fait... et je constate que je me comporte exactement comme elle !

Bonjour à A. la couturière, passer chez A. le fleuriste, discuter un peu, choisir un bouquet, m'arrêter pour prendre des cafés chez K., refaire le monde, aller faire coucou à Dikran le coiffeur, puis aussi à C. A. juste en face...

Donc, deux heures et quarante-cinq minutes pour parcourir… deux cent soixante mètres!

Pendant dix ans, je mets beaucoup trop de temps à parcourir ces deux cent soixante mètres et, en fait, j'adore… faire comme ma mère.

Développer mon réseau, rire, échanger, refaire le monde, c'est aussi ça, être cheffe d'entreprise, éviter d'être seule parce que ce n'est pas facile, partager les mêmes problématiques que tes amis salariés ne peuvent pas comprendre (H. m'avait prévenue!).

— Ah bon, tu paies encore la TVA? Mais tu l'as déjà payée le mois dernier!

— Oui, je la paie tous les mois…

La rue est notre terrain de jeu!

Voilà ce que je dis aux chefs d'entreprise que je forme: arrêtez avec les réseaux sociaux numériques, j'ai construit mon école sans les réseaux parce que tout ça n'existait pas (ça fait vieille, mais bon), allez dans la rue… C'est de parler et d'échanger qui va vous donner des idées canon, c'est de rencontrer qui va faire qu'on parle de vous, tout se passe dans les relations qu'on noue.

J'aime faire ça, encore aujourd'hui, je mise beaucoup sur la rue pour développer ma boîte.

La rue me le rend bien. Le bouche-à-oreille fonctionne, l'école grandit, le moment de recruter des profs arrive. Encore une autre étape en tant que cheffe d'entreprise. Trouver des gens qui ont les mêmes valeurs que moi, qui comprennent ma façon de bosser. Je vais mettre quatre ans à constituer l'équipe qui me correspond, mais quelle équipe! Créer une équipe, c'est faire avec les modes de fonctionnement de chacun, c'est discuter, négocier, garder son cap et comprendre que ce n'est pas leur boîte, que je ne peux pas attendre d'eux qu'ils aient la même implication que moi, qu'ils soient aussi jusqu'au-boutistes. C'est une remise en question permanente, souvent déstabilisante, mais qui fait tellement grandir. P., L., A., S., Zak… Merci du fond du cœur. Sans vous, cette école n'aurait pas eu la même saveur…

Qui dit plus de profs dit… il manque des salles !

— Ouvre un autre studio ! me dit H. C'est la suite du développement.

Spontanément, je trépigne d'envie puis rapidement, sans savoir pourquoi, il y a un truc qui ne colle pas.

En attendant, je négocie avec le curé de l'église en face pour pouvoir louer deux salles régulièrement. Une petite pour que je donne mes cours particuliers et une plus grande dans laquelle Zak et L. donnent les cours en fonction de l'organisation de la semaine.

Ce prêtre est adorable, très ouvert à la danse, je garderai les deux salles supplémentaires quasiment jusqu'au bout. Jusqu'à ce que le nouveau curé arrive et nous congédie sans un brin de sympathie parce que « la danse n'a rien à faire dans une église ».

Ludivine les Salons, c'est trois salles, cinq profs, plus de trois cents enfants, trois rouleaux de papier toilette par jour, des ampoules qui grillent régulièrement, des piles à changer, l'URSSAF qui ne répond pas, des idées à n'en plus finir, des méthodes déposées contrées par l'avocat de HEC qui croit que je leur pique leurs idées, des peintures à refaire, des chaises qui s'abîment, du ménage, beaucoup de cheveux à aspirer, six petites lampes à allumer tous les jours pour que les gens nous voient dans la rue, le parquet qui casse et les propriétaires qui ne veulent rien savoir, un dégât des eaux et les propriétaires qui ne veulent toujours rien savoir, des costumes de danse que je couds chaque 8 mai pour chaque enfant puis que je finis par faire faire, un spectacle de danse à préparer, un théâtre à réserver en octobre pour juin suivant qui peut accueillir trois cents personnes en coulisses, une équipe de vingt personnes pour chaque spectacle pour être certain que chaque bambin sera rendu à ses parents à la fin du spectacle, des plannings à préparer, un sapin à Noël, un spectacle pour les parents à l'école à mettre en place, plus de trois cents couples de futurs mariés chaque saison, un salon des mariages très spécifique lancé avec deux amies et que personne n'a encore refait : Les Noceuses… Dix futures mariées, des photographes, des créateurs de robe, un partenariat avec les galeries Lafayette pour les chaussures, un fleuriste, une maquilleuse, une coiffeuse, une créatrice de bijoux… L'idée ? Que chaque mariée puisse une fois avant le jour J se voir coiffée, maquillée, habillée… comme le jour J. Beaucoup, beaucoup, beaucoup d'organisation et moi à la tête de tout ça, trop perfectionniste, qui veux que tout soit nickel, moi qui suis en train de perdre mon pourquoi… pourquoi j'ai créé cette école de danse.

Moi qui veux toujours un enfant, moi qui vis dans un couple destructeur, moi qui m'épuise à la tâche…

Mais heureusement, Ludivine les Salons, ce sont des apéros, des soirées, des élèves qui sans le savoir m'ont sauvée, m'ont permis de garder la tête hors de l'eau dans les moments les plus difficiles. Ludivine les Salons, c'est devenu chez moi, et je le constate quand je ferme définitivement. J'y reçois mes amis, mes colis, chaque fois que je dois donner mon adresse, c'est celle que je donne, mes soirées sont là-bas, mes moments de respiration sont à l'école. À l'école, je suis seule, indépendante et surtout, surtout, je ne dois pas lui rendre de comptes… sauf le dimanche pour la compta, mais je botte en touche.

Ce lieu me bouffe autant qu'il me donne, mais je l'aime! Pas de deuxième salle pour l'instant, l'idée de gérer tout ça ailleurs et en plus de ça… pas tout de suite.

Le parcours FIV est toujours sans succès, je sais que je me sentirai autant maman même si je ne vis pas une grossesse, on envisage donc l'adoption. Le parcours, en parallèle de la FIV, va durer un an…

Une expérience sublime, parmi les plus belles de ma vie. Je suis suivie en parallèle par une psychanalyste fabuleuse, qui m'accompagne et m'aide à voir que je ne suis pas le problème dans ce couple et que son mode de fonctionnement n'est pas sain.

— Il vous voit comme le prolongement de lui-même.

Cette phrase résonne en moi comme un électrochoc, c'est exactement ça! Il ne me voit pas comme une personne à part entière, il se prolonge et il tente de me façonner comme il en a envie. Ce qui a fonctionné jusque-là fonctionne un peu moins bien, voir que je suis capable de diriger mon école me donne de la force et de la confiance qui rejaillit, quoi qu'il en soit, sur ma vie personnelle.

— Tu te rebelles, tu ne te rebellais pas avant.

Chaque fois que je commence à dire « non », il me rétorque que je me rebelle. Et, dire non, c'est une sacrée dose d'énergie nécessaire face à lui. Je vais dépenser beaucoup, énormément d'énergie jusqu'à la fin de notre histoire, mais je veux un enfant.

Assistante sociale, psychologue, papiers, réunions, réflexions, échanges d'idées avec l'assistante sociale, adoption visible ou pas? Si seulement chaque couple pouvait se poser toutes ces questions avant d'avoir un enfant…

— On ne choisit pas un enfant à des parents, on choisit des parents à un enfant, c'est très différent, c'est ça, l'adoption, nous dit l'assistante sociale, et elle a entièrement raison.

De longs mois pour décrocher LE sésame : l'agrément. Il n'y a plus qu'à attendre…

— Je le quitterai quand on aura notre enfant.

V. est outrée par mon discours, elle a raison et je ne suis pas fière de l'avoir tenu, ce discours, mais pendant de longs mois, de longues années, c'est celui que je tiens… V., patiemment, régulièrement, en douceur et parfois beaucoup moins, me pousse à voir que ce que je dis n'a aucun sens, que je ne peux pas faire ça.

Mon couple va mal, je vais mal dans ce couple… mais je veux un enfant.

À l'école, je constate que les enfants et les adultes rencontrent des difficultés à apprendre, à retenir, et ça fait écho à ce que j'ai vécu pendant toute ma scolarité, ça me questionne énormément.

Je découvre aussi que les gamins en cours sont épuisés parce qu'ils ont des agendas à rallonge. Musique le lundi, anglais le mardi, danse le mercredi, foot le jeudi… En septembre, j'hallucine de voir le chapelet d'activités. Pendant les cours, ils sont blancs, ils n'ont pas un brin d'énergie, je cherche une solution.

Calme et attentif comme une grenouille est la méthode qu'Eline Snel vient de sortir pour faire découvrir la méditation de pleine conscience aux enfants. Je décide de m'y former. Le MBSR (*mindful base stress reduction*) est le programme prérequis pour intégrer la formation. Dans la journée, je me forme, puis je file à l'école enchaîner mes cours.

Se former à la méthode d'Eline Snel en même temps que vivre un parcours d'adoption et des FIV est évidemment très challengeant. P. est une formatrice géniale et en plus d'apprendre une méthode fabuleuse que j'utilise toujours aujourd'hui, je prends (encore) une leçon de cheffe d'entreprise, tout est tiré au cordeau, extrêmement bien organisé, chaque document est bien pensé, bien rédigé, chaque exercice, rien n'est laissé au hasard… et j'adore ça. Je sors de cette formation avec des idées à gogo, comme d'habitude, mais encore plus.

C'est une manie chez moi d'avoir des idées à profusion – beaucoup de gens passent leur temps à me dire que c'est trop, je ne saisis absolument pas pourquoi.

Mon idée suivante, c'est de comprendre pourquoi certains enfants et adultes ont tant de mal à retenir en cours, pourquoi est-ce que moi aussi j'ai eu tant de mal. Pour ma part, je le mets sur le compte du viol, l'impression que je me suis fermée à ce moment-là et que mon cerveau était trop occupé à tenter de survivre, n'avait pas le temps d'apprendre ou de retenir.

Je reçois en cours particulier une femme sublimement belle. Rousse, pulpeuse, une peau de bébé, charismatique, une énergie que j'aime beaucoup et surtout, par hasard, alors que j'échangeais avec elle sur ce sujet des problématiques d'apprentissage, elle me parle d'une formation qui correspond exactement à ce que je cherche.

Une semaine après, je suis inscrite à la formation de praticien en psychopédagogie positive. Quelques semaines encore après, une psy qui intervient dans la formation vient parler du HP et des troubles « dys », plus je l'écoute, plus je blêmis… Ma collègue de formation que je regarde la larme à l'œil me dégaine : « Bah oui, c'est toi. » Quelques semaines encore après, une grosse, grosse séance d'hypnose fait ressortir que le viol et mes problèmes d'apprentissage n'ont rien à voir, mais que le HP… certainement… oui… Quelques semaines encore après, Audrey Akoun que j'admire au plus haut point écrit sur ma copie d'examen « *You rock* »… Elle vient de dégoupiller une bombe, mais il me faudra encore un peu de temps pour le vivre pleinement, pour me donner le droit de prendre pleinement conscience de cet élan de vie qui m'habite plus que tout et en faire quelque chose de grand !

Apprendre à s'affirmer, quel travail !

Reconnaître notre faculté à nous suradapter, notre difficulté à dire non, notre capacité à ressentir le mal-être des autres va rapidement devenir problématique et bien souvent nous empêcher d'avancer.

Être empathique, sensible, ultrasensible et doué de compassion ne doit pas impliquer que l'autre se joue de nous.

1. Prendre conscience de ses valeurs

Pour tendre vers cette autolégitimité, vous reconnaître comme quelqu'un de bien est indispensable. On peut accepter l'idée que deux personnes ne sont pas faites pour être ensemble, en revanche, il faut s'enlever de la tête le « je ne suis pas assez bien pour lui/elle ».

Dressez la liste de vos valeurs, de tout ce qui est important pour vous, de tout ce qui vous rend fier de vous. Dressez une liste de trois situations (au moins) qui vous ont rendu fier. L'exercice n'est pas facile ? Demandez à vos amis de vous remémorer ces moments de partage.

2. La liste des gens qui pèsent

De la même façon que vous avez rédigé la liste des gens qui vous font du bien plus avant dans l'ouvrage (cf page 109), je vous invite à présent à rédiger celle des gens qui vous contrarient. Ceux qui vous prennent systématiquement de l'énergie, ceux qui ne sont jamais positifs, ceux qui trouvent des problèmes à chaque solution. Ils ont aussi des qualités, c'est indéniable, mais il faut penser à ne pas « trop » les voir dans les périodes où vous êtes fatigué ou un peu *down*. Vous ne devez pas aimer tout le monde et ce n'est pas grave si tout le monde ne vous aime pas, c'est même très, très sain.

3. Commencer à pratiquer le « non »

Dire non, ce n'est pas être rejeté ni créer un conflit. Dire non, c'est d'abord respecter ses propres besoins, c'est se donner de la crédibilité et de la valeur et c'est très, très important ! Entraînez-vous régulièrement, avant de dire « oui », à vérifier si ce oui est bien en accord avec ce que vous ressentez. Écoutez vos besoins et apprenez à les respecter. Apprenez à vous respecter.

4. Développer son intuition

L'intuition, c'est ce sens qui vous connecte directement à votre émotionnel sans passer par le mental. C'est votre cœur qui vous parle, et ce qu'il dit est toujours vrai ! Un exercice simple pour vous connecter à cette part de vous : utilisez le tarot !

Prenez le plus joli jeu de cartes en votre possession, tirez une carte au hasard et dites-vous que cette carte, c'est l'énergie de votre journée. Qu'est-ce que l'image, les couleurs, les formes vous inspirent ? Chaque image peut évoquer des sentiments, des pensées ou des associations différentes pour chaque personne, ce qui stimule l'intuition personnelle. Un moyen de réflexion personnelle pour renforcer la confiance en ses propres perceptions et jugements, un aspect clé de l'intuition.

PARTIE 4
Atypique, singulière et totalement soumise

« *Ce soir, j'ai mal au ventre… Je suis presque étrangère à moi-même. Quand Sandrine a évoqué les enfants précoces tout à l'heure, sa première image a fait tilt… La pensée en arborescence, les idées qui fusent, qui jaillissent sans cesse… Je suis tellement mal, je dis que c'est impossible, qu'il faut que mon ego se calme, arrête et que je revienne à un peu plus d'humilité, mais plus les images avancent, plus je panique. Les larmes montent, j'ai réussi à les retenir, mais je suis en panique. Laurence me dit que c'est évident, je rétorque que non, que ce n'est pas possible, que je suis trop nulle. Je rentre, j'ai cherché, je suis perdue, en stress, le ventre noué… Je ne sais plus quoi penser.* »

Ce sont les premiers mots que j'ai écrits et que j'ai gardés tels quels pour ne pas oublier comment je l'ai vécu… si tant est que je puisse l'oublier.

Je fais partie de la génération pour laquelle l'enfant surdoué est l'enfant qui réussit, celui qui brille à l'école, promis à un avenir où tout coule de source, sans souci. C'est ça, un enfant surdoué pour moi.

Je fais partie de la génération qui croit qu'enfant surdoué égale enfant plus intelligent que les autres.

Cette image va être difficile à casser et on est loin d'être au bout du chemin, mais je sais qu'on va finir par réussir, qu'on va finir par admettre que l'intelligence ne se résume pas au français et aux maths, à l'intelligence scolaire, je sais qu'un jour on sera à même de voir tout ce qui se dessine derrière les neuroatypies et qu'on cessera de penser qu'on stigmatise. Je sais qu'un jour de plus en plus proche, on parlera des neuf intelligences, ainsi que l'a fait Howard Gardner, comme de quelque chose d'acquis et de normal, comme de quelque chose qui deviendra naturel à tout le monde.

Mais pour moi, à ce moment-là, un enfant surdoué, haut potentiel intellectuel, est tout sauf un enfant moyen, qui se bat pour s'adapter, qui se bat pour trouver une place, qui passe son temps dans la lune – pas moi. Ni un enfant qui a du mal à comprendre – tout sauf moi. Tout sauf quelqu'un incapable de retenir des choses qui paraissent si simples à un autre enfant.

EIP, enfant intellectuellement précoce… Laisse-moi rire !

Tu veux qu'on passe en revue ma scolarité ?

Tu veux qu'on regarde ce que j'ai réalisé ?

Rien, je suis nulle ! Je n'ai rien retenu en géographie et en Histoire, je suis nulle en maths, je ne comprends rien en géopolitique, j'ai du mal à argumenter sur certains sujets ! Laissez-moi au fond de la classe avec les cancres, c'est là qu'est ma place.

Des prénoms d'enfants précoces, je peux en donner en veux-tu en voilà, mais pas moi, il y a erreur.

Évidemment (comme tout HP qui se respecte…), je me suis mise à lire toute la littérature sur le sujet et forcément à me reconnaître dans certains points puis pas du tout dans d'autres.

Effet Barnum !

Ce n'est pas moi.

« Tu ne peux pas être HP c'est impossible, tu raisonnerais mieux, autrement, tu serais capable de défendre des idées, d'argumenter. »

Une pincée d'amour marital, une tractopelle de « regarde comme tu es vraiment nulle », et le tour est joué, je continue à penser ce que je pense de moi.

La formation n'est pas terminée et chaque jour un peu plus mon mode de fonctionnement se précise, je peux de moins en moins nier ce qui me saute aux yeux, mais je ne comprends pas, je ne sais pas quoi faire et surtout je ne sais pas qu'en faire.

Alors, chaque jour, je lis un peu plus. J'engloutis des livres jusqu'à l'indigestion, je tente de regarder ma vie à nouveau, d'y trouver du sens, un sens, n'importe lequel, mais quelque chose qui me parle, qui vienne résonner et m'apporter la réponse. Je me sens très seule, et ce n'est évidemment pas mon mari qui m'aide.

— Tu n'as aucune passion, les HP ont des passions, ils sont jusqu'au-boutistes, experts, toi tu papillonnes, tu ne vas jamais au bout de rien, ce n'est pas comme ça que les choses se passent.

Je n'ai pas l'impression de papillonner, oui, je m'intéresse à plein de choses, oui, je commence une chose puis une autre, puis encore une autre. Certes, je ne sais pas structurer ma pensée de manière linéaire, j'ai des idées en permanence que j'ai besoin de réaliser, mais je n'ai pas l'impression d'être inconstante ni de papillonner, mais s'il le dit, il doit avoir raison, c'est lui qui est brillant.

Je m'intéresse au tricot et à la couture depuis toute petite, initiée par ma grand-mère. Je me suis mise à la guitare, au ukulélé. Je teste le crochet, le dessin, je me risque aux plantes vertes… Sans succès. Il me faudra encore quelques années pour y revenir et réussir avec brio (oui, oui, rien de moins !).

— Tu es inconstante, vraiment, ce n'est pas un fonctionnement de haut potentiel, je t'assure.

Lui sait, il sait, tout, sur tout, tout le temps avec tout le monde, la remise en question, ça n'est pas vraiment sa grande passion et face à moi qui ne m'attribue aucune valeur, c'est le match idéal.

Lui sait, moi je le crois… affaire classée.

Il m'a fallu tellement de temps pour le remettre en doute, et si vous vous posez la question, je n'ai jamais réussi à ce qu'il se remette en question.

Il y a quelques mois au fil d'une conversation téléphonique, je découvre à quel point la tâche était perdue d'avance.

— Je t'ai toujours soutenue, valorisée.

— Tu trouves que c'est valoriser et soutenir la femme qu'on dit aimer que de lui répéter à l'envi qu'elle lit de la merde ? Tu trouves que c'est valoriser la personne avec qui l'on vit de lui dire qu'on est plus intelligent qu'elle ?

— Ah oui, mais ça, ce n'est pas pareil, c'est un peu mon défaut, je suis persuadé et j'ai toujours été persuadé que je suis plus intelligent que tout le monde.

— …

Game over… faut pas essayer…

Donc, moi je me dis que je suis nulle et je vis avec quelqu'un qui me le confirme, ce n'est pas trop la peine d'aller chercher plus loin.

Il n'en reste pas moins que je me pose des questions et que j'ai une « grande maladie », j'ai besoin de réponses à mes questions, à toutes mes questions. Je me suis longtemps contentée des réponses de mon mari, mais au fur et à mesure de cette formation et du regard que portent sur moi les formateurs, je m'autorise à regarder un peu plus loin que le bout de mon nez. Cette histoire de haut potentiel me bouleverse beaucoup, je décide de passer le test.

Le test, le Saint Graal, le seul, l'unique reconnu en France, j'ai nommé le WAIS-IV dont le papa est notre très cher David Weschler qui dira lui-même de son test en 1944 :

« L'intelligence est la capacité d'un individu à initier des actions dirigées vers un but, à penser de manière réaliste et à interagir efficacement avec son environnement. »

Ce test mesure le QI, quotient intellectuel, par rapport à des individus dits « avec un QI normal ». Des indices, calculés à partir de subtests et de subtests principaux… Rien que l'explication est difficile à comprendre ! Dans les quatre indices, on retrouve l'ICV ou indice de compréhension verbale, l'IRP, indice de raisonnement perceptif, l'IMT, indice de mémoire de travail, l'IVT, indice de vitesse de traitement. En fonction des résultats, du temps mis pour répondre (certaines questions sont chronométrées), tu as la chance de te voir attribuer un chiffre qui, selon sa position sur la courbe de Gauss, fera de toi un haut potentiel ou quelqu'un qui a une « intelligence moyenne ». Ce que je trouve dommage dans ce test, c'est que certains professionnels qui le font passer ne prennent pas en compte l'état de stress tellement présent chez le HP qui fera, sans que cela soit bien compliqué à comprendre, baisser ses capacités ou sa rapidité. Il ne prend pas en compte l'hypersensibilité, or, un hypersensible au bruit, à la lumière ou à la relation, vissé dans un cabinet à la lumière blanche, avec un psy à la limite de la sympathie, risque fort de perdre une bonne partie de ses moyens pendant la passation.

Comme tous les tests, la WAIS a ses qualités et ses défauts et surtout dépend beaucoup de la personne qui le fait passer…

C'est donc dans un état de panique et de stress que je suis allée le passer.

– *Qu'eſt-ce qu'on va penser de moi ?*
– *Et si je me trompe, je vais être mal vue, me faire engueuler ?*
– *Je n'ai pas révisé, j'aurais dû réviser ?*
– *Il va se demander ce que je fais là alors que je suis tellement nulle !*
– *Je vais me planter à tous les coups.*
– *Et si je n'y allais pas ?*

La situation idéale, vraiment, pour aller passer un test, et je ne sais quel miracle s'est joué pour que je tienne jusqu'au bout sans m'effondrer dans les bras du psy en pleurant à chaudes larmes.

Une passation difficile dans un bureau moche qui a accru la difficulté… J'ai horreur du moche !

Le résultat tombe quelques jours après, sans appel, rien de surprenant pour lui, pendant que je tremble comme une feuille.

— Vous êtes haut potentiel avec des submodalités plus hautes que d'autres, mais rien de bien surprenant. Je vous souhaite une bonne journée.

— OK, mais j'en fais quoi, ça veut dire quoi, c'est quoi, la suite ?

— Rien de plus, madame, je vous invite à lire le compte rendu attentivement et je vous souhaite une bonne continuation.

— Très bien, merci.

La conversation s'est à peu près résumée à ça. Je suis sortie de son cabinet avec quelques pages à lire auxquelles je n'ai jamais vraiment compris grand-chose, il faut bien l'avouer, un QI au-dessus de

130 confirmé et estampillé « reconnu par un psychologue », qui pour moi reste un chiffre et je suis nulle en chiffres. C'est dommage de ne rien comprendre à son compte rendu de HP quand on est HP…

J'ai un compte rendu dans les mains et je pleure, ça valait la peine.

Je n'y crois pas, il a dû se planter, me filer les résultats de quelqu'un d'autre ou il a mal calculé, je ne vois que ça.

Les jours passent, j'accuse le coup, j'en parle très peu. Mon mari n'y croit pas non plus, sans surprise, il remet en cause le psy.

Je repasse la totalité de ma vie à l'aune de ce haut potentiel… un drame pendant des semaines.

Si j'avais su avant…

Qu'est-ce que j'aurais fait ?

Aurai-je été meilleure à l'école ?

Aurai-je fait de grandes études ?

Quels auraient été mes choix ?

J'ai l'impression de m'être plantée de bout en bout. L'impression que depuis toutes ces années, je ne sais rien de moi, que je me découvre à 40 ans passés et que je ne sais absolument pas ce que je vais faire de cette découverte.

Comment vont le prendre les gens à qui je vais en parler ?

Ils vont trouver que je manque d'humilité ?

Ils vont dire que j'ai la grosse tête, et ils auront raison !

Je décide de ne pas en parler et parmi tous mes choix, je pense qu'il a fait partie des meilleurs. En faisant ça, je me préserve, j'évite d'avoir besoin de me justifier et je me donne le temps de la digestion, de la compréhension et de l'acceptation. Je sais que les trois ne vivent pas au même rythme et je sais aussi que j'ai besoin de passer par les trois, de prendre conscience de ce moi que je ne connais pas et que je rejette en bloc.

Aujourd'hui encore, quand je fais passer un bilan, j'invite la personne à garder pour elle ce qu'on s'est dit, le temps de digérer, d'accepter, le temps de prendre en compte.

Je continue mes lectures, mon besoin de me sentir légitime, normale, toutefois les réponses que je trouve ne me nourrissent pas, elles n'expliquent pas tout et je me sens continuellement frustrée. Par chance, la formation que je suis me plaît énormément et l'école de danse est un refuge qui m'évite de sombrer. J'y trouve la légèreté, la joie de vivre, l'enthousiasme qui me manquent tant à la maison. J'y suis chez moi et j'ai l'impression de récupérer dans mon studio toute l'énergie que je le laisse m'absorber le soir venu. C'est de plus en plus dur, je réussis de moins en moins à accepter notre couple ; pourtant, je n'ai pas encore la capacité de me positionner, j'oscille entre deux états qui m'épuisent, me font fondre en larmes régulièrement, je suis très fatiguée et le traitement hormonal des FIV continue à faire son œuvre. Je ne sais plus où sont mes émotions, je m'éloigne progressivement de moi-même, je me terre dans une *panic room* qui joue son rôle à merveille, je me préserve des coups… jusqu'à quand ?

Je ne supporte plus de rentrer et de le trouver sur le canapé, endormi souvent parce que la bouteille de vin qu'il a bue a temporairement dilapidé ses angoisses. Il se réveille agressif, on se dispute, il devient méchant, j'ai de plus en plus de mal à gérer, j'ai de plus en plus peur, je vois de moins en moins où on va… Je grossis, le traitement hormonal me détruit la santé à petit feu, il me fait remarquer que je grossis, encore et toujours… Je souffre, je tente de garder la tête hors de l'eau tant bien que mal, à coups d'illusion, d'espoir d'un changement de sa part, de ce désir d'enfant et du projet d'adoption qui avance à grands pas, je garde la tête hors de l'eau grâce à V. qui me parle sans cesse de mon élan de vie hors du commun et je m'y accroche même si j'y crois de moins en moins, et grâce à ma psy qui, petit à petit, m'aide à ouvrir les yeux.

— Deux psys [celle de l'adoption et celle que je vois seule], ça ne fait pas trop pour une seule personne ?

Ironique, méchant, gratuit.

Et vlan… ça arrive je ne sais jamais d'où, c'est aussi violent qu'une claque, je découvre la violence psychologique, celle qui ronge progressivement, avec patience, celle qui n'a pas peur parce qu'elle sait qu'elle sortira gagnante. Insidieuse, persistante, lente, mais efficace, celle qui cogne quand on s'y attend le moins, quand on ne se protège pas, parce qu'on est en train de perdre sa sève, parce que je suis en train de perdre ma sève, cette énergie vitale qu'il me prend comme une sangsue, il m'épuise, il boit le calice jusqu'à la lie… Il sait argumenter, j'en suis incapable. Plus il argumente, plus je perds mes moyens, plus je me renferme sur moi-même, moins j'arrive à m'exprimer, plus il s'énerve, plus il crie, plus j'ai peur, moins j'ose m'exprimer, plus je me tais, plus il prend le contrôle sur moi…

— Pourquoi est-ce que tu es restée ?

Tellement de personnes m'ont posé cette question, tellement de personnes découvrent *a posteriori* la puissance qu'il met inconsciemment à me détruire. Parce qu'il ne le fait pas consciemment, c'est ça, le pire. Il essaie de me modeler à sa façon, pendant un temps très long, il réussit. Il essaie au quotidien de se sortir de ses propres démons, être à côté est épuisant parce qu'il ne donne aucune place, parce qu'il décide de tout, veut tout contrôler, tout maîtriser, tout sans exception doit passer par sa décision, l'erreur n'est pas permise, une tasse sur une table n'est pas autorisée, je n'ai pas le droit d'inviter une amie, j'ai le droit de sortir à condition que j'envoie des SMS toute la soirée pour dire où j'en suis du repas, à quelle heure je vais rentrer exactement. Si le repas s'éternise, il appelle, il menace, il râle, il insiste, il rappelle, jusqu'à ce que je parte, souvent sans finir mon repas parce que je préfère rentrer que de me donner mal au ventre à négocier chaque minute. Je finis par ne plus sortir.

— Je ne t'interdis pas de sortir.

— Non, mais tu m'envoies des SMS toute la soirée.

— C'est pour savoir où tu en es.

— Oui, mais je suis au restaurant, je ne peux pas savoir quel temps ça va prendre.

— Moi, j'ai besoin de savoir !

— …

Le soir, le midi, chaque infime sortie que je fais sans lui est passée au crible, il abîme tout et j'accepte ; il met une pression maladive, jusqu'à ce que je rentre et je finis par rentrer…

Je finis par rentrer et par ne plus sortir, par choisir le rien, le vide, plutôt que l'angoisse, plutôt que la justification, plutôt que la peur de faire quelque chose de mal, plutôt que ses colères qui se terminent irrémédiablement par « je te quitte » puis, quand il a sorti tout ce qu'il a à sortir, il se calme, passe à autre chose, et ne comprend pas pourquoi je suis dans un état second.

Je suis dans un état second, à l'intérieur montent une colère et une agressivité que je ne me connais pas, je me sens habitée par une violence qui m'est totalement étrangère, une sensation désagréable qui me fait excessivement peur. Plus le temps passe, plus cette violence s'installe et m'effraie, par moments j'ai l'impression que je vais perdre le contrôle, que je suis à deux doigts de sauter par la fenêtre ou de le frapper. J'ai mille fois ouvert la fenêtre, je me suis mille fois demandé comment faire cesser tout, je voulais en finir. Pas mourir, mais en finir. Plus la force, plus l'énergie, plus la capacité de me battre, plus rien, vide.

Je n'en suis pas fière, je me mets à craindre mes comportements, à me méfier de moi, j'ai l'impression d'être le personnage principal d'un drame psychologique qui est en train de mal tourner, j'ai l'impression que je vais finir comme la souris dans *L'Écume des jours* de Boris Vian. Je commence à ouvrir les yeux sur l'aberration de ses comportements en même temps que j'ai l'impression d'exagérer, dans l'alcôve du foyer, personne d'autre pour constater ce qui me paraît de plus en plus intolérable.

— Pourquoi est-ce que tu restes ?

— Parce que je veux un enfant, parce qu'on y est presque, parce qu'on a l'agrément et que c'est l'affaire de quelques mois, de quelques années, je partirai après.

— Tu ne peux pas faire ça.

— Je sais, mais je n'ai pas le choix, sinon je n'aurai jamais d'enfant.

— Oui, mais tu ne peux pas faire ça.

— Je sais, mais je suis incapable de renoncer à mon désir d'enfant et puis je suis perdue, c'est difficile, tellement difficile.

— …

La vérité n'est pas jolie à dire, mais c'est celle-là… J'ai honte de ce que j'ai fait, j'ai honte de l'avoir pensé, j'ai honte d'avoir mis en place cette stratégie pour être maman, mais c'est bien pour ça que je suis restée, parce que mon désir d'enfant était plus fort que tout.

Je ne sais toujours pas quoi faire de mon HP, je dirige une école qui fonctionne, je commence à prendre conscience de mon potentiel, je commence à regarder que je ne suis pas débile, mais que je me suis persuadée des années durant que je l'étais. Je commence à comprendre que si je laisse cette croyance limitante exercer sa puissance, j'accepte l'idée de lui donner la totalité du pouvoir sur ma vie comme je le fais depuis des années. Je commence à me dire que si ce haut potentiel existe, il doit m'aider à me sortir de là, je dois en faire quelque chose et arrêter de me laisser écraser.

Je dois me donner le droit parce que personne ne me le donnera.

Chercher l'équilibre

À l'aube de mes 40 ans, dernière FIV, dernier transfert, derniers embryons, dernière tentative.

Échec.

C'est fini.

Quinze jours avant le baptême de ma filleule, baptême où je suis arrivée totalement anéantie et pour lequel j'ai choisi, sans même le faire exprès (acte manqué), de porter une robe noire.

Toutes ces années pour rien.

Il me reste l'adoption, même si, dans un coin de ma tête, je sais le monstre d'égoïsme que je suis en train de devenir.

Attendre cet enfant puis partir.

Je veux être maman, j'ai toujours voulu être maman, je le sais au plus profond de mon ventre, de mon cœur, de mon âme.

Renoncer à ce projet d'adoption, c'est renoncer à la maternité.

40 ans.

Partir.

Rencontrer quelqu'un, oui, mais au bout de combien de temps ?

— Je veux un enfant.

— On vient de se rencontrer !

— J'ai déjà 40 ans.

— …

Voilà ce qui me pend au nez.

Je ne veux pas imposer à l'homme que je rencontrerai, je ne veux pas l'embarquer dans un projet qui n'est pas le sien, trop tôt, mal, une autre forme d'égoïsme.

Je ne veux pas lui faire un enfant dans le dos.

Je ne veux pas imposer cette vie-là à mon enfant.

Je veux le chérir, je veux le respecter, je veux l'aimer, je veux être une mère responsable et à l'écoute. Pendant des mois, le parcours d'adoption m'a fait poser de vraies questions sur mon désir d'enfant, sur mon pourquoi de future maman, sur les valeurs à transmettre.

Pourquoi est-ce que je veux être maman ?

Qu'est-ce qui porte ce projet ?

Quelle maman est-ce que j'ai envie d'être, comment ?

Je n'ai pas fait tout ça pour imposer un enfant à quelqu'un qui viendrait à peine de me rencontrer.

Je n'ai pas fait tout ça pour imposer à mon enfant une histoire bancale.

Je réfléchis encore et encore, je m'accroche à un espoir qui s'effiloche de plus en plus, puis je me résous au violent, au difficile, je me résous à quelque chose auquel je n'aurais jamais imaginé me résoudre.

Je dois faire le deuil d'être maman.

Je ne serai jamais maman.

Le jour où ce deuil sera fait, je partirai.

Mon enfant, mon petit…

Tu ne seras jamais là pour m'appeler maman.

Tellement de fois je t'ai pensé, imaginé, rêvé. Tant de fois je t'ai vu courir en riant dans des endroits aux multiples couleurs que je n'aurai pas la joie de t'offrir.

Je t'ai acheté des vêtements, des peluches, puis j'ai exorcisé le sort en n'achetant plus rien.

J'ai donné les peluches, les vêtements, j'ai regardé des ventres bien plus ronds que le mien en pleurant à chaudes larmes.

Une fois que tu fus au creux de moi, je t'ai senti, tout petit, tout amour, mon amour, niché, je t'ai donné tout ce que je pouvais… en vain.

Mon enfant, mon petit…

Je sais que tu es là quelque part, je sais que t'attendre m'a fait devenir maman, a fait de moi pleinement une maman.

J'ai hurlé tant de fois, presque jusqu'à la mort, l'injustice de la vie.

Tant de fois j'ai tenté de trouver des réponses jamais apparues.

Tant de fois j'ai tenté d'adoucir mon chagrin sans que rien fonctionne.

Noël après Noël, j'ai bâti des sapins symboliques au pied desquels tes cadeaux sont restés.

Pour chacune de tes respirations, je me serais battue bec et ongles, j'aurais bravé des tempêtes et des volcans.

Jamais au cœur de la nature, je ne pourrai regarder s'émerveiller tes yeux face à un rayon de soleil. Jamais je ne te parlerai des nuances de verts tellement innombrables qui ornent nos monts et merveilles du quotidien.

Pour chacune de tes respirations tant espérées, pour chacune de tes respirations jamais entendues, je me suis battue bec et ongles, j'ai bravé des tempêtes et des océans.

Mon enfant, mon petit, tu n'es jamais venu.

Mon enfant, mon petit, pourtant dans chaque souffle de chaque enfant que je côtoie, embrasse, guéris, chéris, console, cajole, aide, aime, dans chacun de leurs souffles, je sais que tu es là.

Cent fois, deux cents fois, mille fois, j'ai été maman.

Je veille sur chacun d'eux comme s'il était mien, je le protège du pire, de celui que j'ai connu, de l'atrocité des grands, je tente de lui offrir le meilleur, parce que je sais qu'il est un peu de toi.

Je ne t'ai jamais serré dans mes bras, je ne t'ai jamais étouffé de mon amour, mais je sais que tu es là.

Quelque part, ici-bas, dans chaque once de vie, dans chacun de leurs sourires qui me nourrissent, je sais que tu es là.

Il y a tellement de façons d'être maman, il y a tellement de façons d'être ta maman.

Celle-là sera la mienne, parce que je dois cesser d'être égoïste.

> « Elle a mis sur l'mur,
> Au-d'ssus du berceau
> Une photo d'Arthur Rimbaud
> Avec ses ch'veux en brosse
> Elle trouve qu'il est beau
> Dans la chambre du gosse
> Bravo(7)… »

J'écoute en boucle Renaud et je ne m'habitue pas à l'idée que je dois m'habituer à un seul mot…

Jamais.

Jamais d'enfant.

Jamais maman.

Jamais des cernes qui s'éternisent avec les nuits sans sommeil.

Jamais.

— Pourquoi est-ce que tu restes ?

— Pour partir, je dois faire le deuil de mon enfant, je dois faire le deuil d'être une maman.

Trouver l'équilibre devient de plus en plus compliqué.

Garder le cap est une mission de chaque instant. Je ne veux plus parler d'enfant avec qui que ce soit. Je laisse filer les mois, accrochée à l'espoir que la lettre de l'adoption arrive avant que j'aie fini de faire mon deuil, avant que je sois partie.

Je me demande qui je suis en dehors de lui, en dehors d'être sa femme, en dehors d'exister pour lui. Professeure de danse, cheffe d'entreprise, engluée dans mon perfectionnisme, dans mes croyances, dans mes limites, dans mon incapacité à dire non.

Je ne sais pas comment commencer ni par où.

— Dis donc, les FIV, c'est fini, mais tu ne maigris pas, tu as vraiment beaucoup grossi, c'est bizarre, non ?

Dix kilos de plus sur la balance. Je passe de 52 kilos à 62 kilos, mais après toutes ces années gavées aux hormones, comment ce serait possible autrement ? Comment un corps malmené par des traitements plus invasifs les uns que les autres, peut rester le corps qu'il a été ? J'ai beaucoup d'admiration pour chaque femme qui s'embarque dans ce parcours parce c'est le corps des femmes qui est médicalement impacté, malmené et fatigué. Se piquer aux hormones pendant des années ne peut pas nous laisser indemnes. Plus aucun vêtement ne me va. Je me trouve moche et grosse, il m'aide à me trouver grosse et moche et me confirme que je suis grosse et que ça ne me va pas.

De plus en plus en colère, de plus en plus déconnectée de moi, je prends une décision pour laquelle je joue le tout pour le tout.

Simple, mais indispensable, je veux voir ce qu'il fait, je veux voir à quel point je suis responsable de tous ses problèmes, je veux constater, je vais constater et, après coup, je pense que c'est la décision qui va éviter que tout tourne au drame. J'envoie un message à un professeur de sport, que je ne connais pas, j'écoute mon intuition ! Je veux qu'il me donne des cours particuliers. Je veux perdre le poids que j'ai pris, je veux me sentir bien dans ma peau, je veux me (re)mettre en mouvement.

Je veux perdre mes escalopes sous les bras (il explose intérieurement de rire, mais je le connais, je sais qu'il a explosé de rire), voilà ce que je lui dis au téléphone.

Docteur en *poker face*, il n'est pas question que je lui dise, par téléphone, la vraie raison de ces cours.

T. !

Tu m'as sauvé la vie et j'ai pour toi une reconnaissance qui va au-delà de tous nos fous rires et de tous mes pétages de plomb.

Toutes les semaines jusqu'à la fermeture de l'école de danse, pendant des années, toutes les semaines, le vendredi, il vient.

Je crie, je m'énerve, je ne veux pas, je ne suis pas capable. Il me pousse dans mes retranchements, il me prouve que je peux le faire et je peux le faire et je le fais.

Il me fait faire des trucs horribles dont j'ai même oublié le nom, mais je me renforce, je perds du poids, je commence à être fière de moi.

Mon amie K. vient prendre les cours avec moi, mais K., c'est une vraie sportive, elle ne chouine pas comme moi, elle aime ça.

Pendant de très longs mois, ce sont ces deux énergumènes qui, le vendredi, patiemment, vont éponger ma transpiration, ma tristesse et ma peur de rentrer.

K. a même mis en place un rituel. Son restaurant est juste à côté de l'école de danse et après le cours de sport, on sirote un verre de blanc (on le fait aussi parce que ça énerve T. et qu'on adore énerver T.) en écoutant Dave…

« Bon week-end, je te souhaite un bon week-end(8). »

Combattre le mal par le rire, noyer mon chagrin dans les chansons des années 1980 !

Le sport est une aide indéniable et quand T. ajoute la boxe à nos cours hebdomadaires, je me mets à râler plus fort, mais à jubiler encore plus.

Je peux sortir ma colère, un peu, en tapant dans ce foutu sac avec mes gants de boxe… roses. On ne se refait pas. Je laisse couler les larmes de rage qui me rongent – évacuer, évacuer, évacuer, parce qu'en rentrant à la maison, le combat continue, même si ce n'est pas le même.

Commencer à dire non, à me rebeller comme il dit, me coûte cher.

Change ta façon de te positionner face à l'autre et tu fais bouger tout le système.

Tu veux que l'autre change ?

Change ta façon de fonctionner avec lui, ça marche à tous les coups.

Énergivore, mais efficace.

Reste à espérer une remise en question, possible, souhaitable, qui vaut le coup, impossible chez nous.

Je dis non. Obstinément, je tente de ne rien lâcher. Je n'ai pas assez d'énergie pour pouvoir compenser tout ce que le fait de dire non me coûte au quotidien. C'est un exercice que je ne maîtrise pas, mais je prends conscience que sans ça, je cours droit à ma perte alors j'use toute mon énergie à dire non, chaque fois que je ne suis pas d'accord. Par moments, je m'enferme dans la salle de bains pour ne plus l'entendre, je le laisse parler, je dis non. Plus tard, je comprends qu'en bonne hypersensible, ce moment seule me permet de reconstituer ma batterie d'énergie vitale et j'en ai besoin pour affronter. Pour aborder la vie, nous avons besoin d'énergie. Vivre sur la réserve comme un téléphone portable, et c'est le drame assuré. Chez les atypiques, reconstruire son énergie vitale, c'est dormir, prendre du temps pour soi, seul et trouver des activités qui font plaisir, capables de débrancher le cerveau.

J'arrête de me plier à ses desiderata.

— Tu ne peux pas me faire ça, tu sais comment je suis.

— Je veux choisir avec toi, je trouve ça normal.

— Oui, mais ça ne me plaît pas.

— Trouvons un équilibre.

— Oui, mais…

— Oui, mais on vit à deux ici, j'ai mon mot à dire.

— Oui, mais avant, tu ne te rebellais pas.

— Je ne me rebelle pas, je tente de prendre ma place.

— C'était mieux avant…

— Pour toi, oui.

C'est fatigant, mais tellement fatigant… Je sais que la dynamique dans laquelle je m'engage nous pousse tout droit à la catastrophe, mais je ne vois plus d'autre issue.

En parallèle du sport, je décide que je veux faire une cure ayurvédique.

Mon premier voyage en Inde en 2009 est une révélation. Le pays que je découvre me happe totalement.

« *Un voyage se passe de motif. Il ne tarde pas à prouver qu'il se suffit à lui-même. On croit qu'on va faire un voyage, mais bientôt c'est le voyage qui vous fait ou vous défait.* »

Nicolas Bouvier

Je ne sais pas si j'ai lu quelque chose de plus beau sur le voyage que Nicolas Bouvier. Tout le monde devrait lire *L'Usage du monde*.

L'Inde m'a faite et défaite. L'Inde a changé ma façon de voir la vie, la culture, les traditions, la souffrance, la douleur, la mort, et ma façon d'être au monde. Ça aurait très bien pu être la Birmanie tellement sublime et inspirante, le Cambodge doux et apaisant, la Malaisie ou l'Indonésie qui ont mis dans mes yeux les premières étoiles de l'Asie. Ça aurait pu être le Sri Lanka, épuré et coloré ou le Népal qui a tellement séduit mes papilles gustatives… Ça aurait pu être chacun de ces pays où chaque mois que j'ai eu la chance d'y passer m'a donné à voir la force de la pluralité, les émotions des rencontres et la richesse des cultures. Je les aime chacun de tout mon cœur, j'ai chéri chaque minute durant laquelle je les ai découverts et j'y retournerai avec un bonheur immense. Je n'ai aucune explication au fait que l'Inde m'ait prise tout entière, je me suis reconnue là-bas comme nulle part ailleurs.

Il y a ceux qui aiment l'Inde et ceux qui la détestent. Il n'y a pas de juste milieu, jamais. Il y a ceux qui ne veulent plus la quitter et ceux qui remontent dans l'avion dès le premier pied posé au sol.

Je pleure quand j'arrive en Inde et je pleure quand je quitte l'Inde. Chaque fois que j'y vais, c'est la même histoire. L'impression que mes racines sont en Inde. Du nord au sud, des palais des maharadjas aux douces plages du Kerala, j'aime tout. Pondichéry et son architecture, Kochi et sa douceur de vivre, Bundi, la ville bleue, Varanasi l'ancienne Bénarès qui se réveille au bord du Gange au rythme du sacré éternel. Udaipur la majestueuse, les plantations de thé de Munnar, flotter dans les petites barques en bois au creux des *backwaters*, je peux en parler des heures !

C'est un bercement qui me va, qui m'apaise, c'est le rythme de la vie, un battement de cœur, une danse que j'exécute en acceptant que ce n'est pas moi qui la mène. C'est l'Inde qui la mène, c'est elle qui choisit, qui décide, je suis le flux ou je résiste, si je résiste, l'Inde est violence, emprise, oppressante, étouffante, elle est tout ça à la fois… mais si je me laisse porter, si je la laisse à moi se dévoiler, si je la laisse m'accueillir, si je me laisse emporter, alors elle dévoile ses mystères et ses secrets les mieux gardés. Elle donne à voir ses couleurs, son indescriptible présence, le tout entier, ce qu'elle est.

Moi qui suis si sensible aux bruits, aux odeurs, aux goûts, moi qui suis si sensible à tout… je supporte l'Inde et ses excès permanents pour mes hyperesthésies. Je me laisse absorber par l'Inde sans jamais craindre cette saturation des sens si difficile à vivre à Paris.

Comme quoi…

C'est sur un petit bateau de bois au creux des *backwaters* que je découvre le livre de Deepak Chopra, *Santé parfaite*. Il y explique de manière assez simple les bienfaits de la médecine traditionnelle indienne, l'ayurveda, médecine vieille de plus de cinq mille ans qui a la particularité de prendre en charge le corps dans son ensemble. Une médecine holistique dont on parle encore peu en France. Après les FIV, je décide que je ne prendrai plus aucun traitement médical qui puisse être remplacé par quelque chose de plus naturel (dans la mesure du possible évidemment). Je découvre dans le guide de Chopra le principe des doshas, les trois énergies qui, bien équilibrées dans le corps, permettent une bonne santé, et mon attention se porte sur le panchakarma, la cure ayurvédique dont le but est de détoxifier l'organisme. Concours de circonstances, hasard de la vie ou je ne sais quoi, une copine est partie tester un panchakarma en Inde et revient enchantée.

Le sport m'aide à me renforcer, mais j'ai envie d'évacuer toutes ces hormones que mon corps a ingurgitées pendant toutes ces années avec les protocoles de PMA, et je me dis que ce traitement ayurvédique est une bonne idée.

> « Prends soin de ton corps pour que ton âme ait envie d'y rester. »
>
> Mahatma Gandhi

Le moment est venu de prendre soin de mon corps pour que mon âme ait envie d'y rester.

La première cure me fait tellement de bien que j'y retourne chaque année encore aujourd'hui. Ces quinze jours au bout du monde, totalement prise en charge pour faire un *reset* du corps et du cerveau, me sont nécessaires, pour ne pas dire indispensables.

Je ressens instinctivement que si mon corps va mieux, si je me mets en mouvement, si j'arrête de tourner en boucle des questions auxquelles je n'aurai jamais de réponse, je vais m'en sortir.

« Ne réfléchis pas, avance » devient mon mode de fonctionnement. Ne pas réfléchir n'évite pas de souffrir, mais me permet de changer de point de vue, de regarder les choses autrement, de passer à l'action, et l'action, je le découvre au fur et à mesure, amenuise mes peurs. Elle ne les fait pas complètement disparaître, mais telle la nuit qui tombe progressivement sur le jour, elle leur enlève de l'intensité.

De moins en moins d'intensité, de moins en moins, puis plus du tout. Il ne sert à rien de forcer, de combattre, de lutter, face à mes peurs, je choisis le mouvement, je choisis l'action douce et surtout réconfortante, je choisis de revenir à moi.

Instinctivement, je me dis que si je vais mieux, tout sera plus facile.

Régulièrement, je me questionne sur le deuil de mon enfant, je note où j'en suis, quelles étapes je traverse. La colère m'a quittée pour laisser place à une immense tristesse que je tente de chérir tant bien que mal. Seule, je laisse les larmes couler, je leur laisse la place nécessaire pour la suite. La suite, je ne la connais pas, mais je suis en mouvement, et je fais confiance à ce mouvement, je fais confiance au temps.

Le mouvement… toujours…

Changer les paradigmes

C'est un joyau caché dans la verdure luxuriante. De petites maisons rondes faites de boue et de briques, le toit en bois se confond avec le paysage de cocotiers. Le murmure des vagues berce mes nuits et nourrit mes jours entièrement, au cœur de moi. La mer, je suis une fille de l'eau, une fille de la Méditerranée, une fille de la lumière qui éblouit, une fille trop… Un peu comme l'Inde ?

Dans ce coin de paradis préservé du Klaxon des tuk-tuks, de la boue séchée sur la route qui, transformée en sable, rougit le bitume et la peau, au cœur de l'odeur des frangipaniers, j'expérimente l'accueil inconditionnel.

Une clinique indienne, des médecins à l'écoute vingt-quatre heures sur vingt-quatre, des thérapeutes qui massent, malaxent, caressent, apaisent, soignent, en chuchotant à l'oreille des mantras et des chansons douces à chaque début de soin.

La première consultation est très longue, et tout est passé au crible. Une analyse complète de mon mode de vie, de mes habitudes alimentaires, de tout ce que je peux être au quotidien.

– Est-ce que je préfère boire frais ou très froid ?

– Manger épicé ? Sucré ? Doux ? Amer ? Astringent ?

– Est-ce que ma peau rougit facilement ?
– Est-ce que j'ai les cheveux secs ?
– Est-ce que je digère bien ?
– Comment est ma libido ?

Des questions à n'en plus finir, précises, déroutantes parfois, surprenantes quasiment tout le temps.

Puis, un plan d'action.

Du ghee tous les matins au réveil (du beurre clarifié pour drainer… entre autres).

Deux heures de drainage tous les jours pour faire monter les toxines pendant six jours, une purge pour éliminer tout ce qui a été drainé, puis massages de la tête pour calmer le mental, de la sphère ORL, et bain d'huile pendant encore sept jours.

Un rendez-vous avec le médecin tous les matins pour prendre la tension, vérifier le cœur, l'alimentation et… que tout va bien au niveau « *toïlet* ».

Le traitement dure quatorze jours. Chaque fois, je suis épuisée les sept premiers jours puis l'énergie commence à revenir le huitième. En dehors des massages, laisser poser l'huile, yoga, méditation, plage, piscine, visite, lecture, regarder pousser les fleurs.

Je mise beaucoup sur cette première cure pour supprimer tous les effets des traitements de la PMA ou un maximum.

C'est une réussite, je perds 4,5 kilos en quatorze jours… Ma tension remonte et je me réconcilie avec mon alimentation.

Étant à l'école de danse entre 9 heures du matin et 22 h 30 le soir et même si j'arrivais à me nourrir correctement à l'heure du déjeuner, le repas du soir était devenu un enfer. Je me mettais à manger n'importe quoi à partir de 17 heures, je me sucrais au maximum avec des sodas pour tenir jusqu'à 22 h 30…

Pendant la cure, j'apprends à faire des assiettes toutes petites et à aller me resservir si j'ai faim. Cette habitude, qui n'est pas grand-chose, m'évite de manger plus que mon organisme n'en a besoin. J'apprends aussi que mon rythme est bon, même si c'est mon rythme et qu'il apparaît anormal aux yeux de chacun.

Je ne prends jamais de petit déjeuner (sauf en vacances parce que le temps n'est pas le même pour moi) et je ne mange pas si je n'ai pas faim. En revanche, quand j'ai faim, il ne faut pas me faire patienter une heure… Ceux qui me connaissent savent !

Pendant longtemps, ce rythme m'a été reproché, était bizarre selon certains, pas logique pour d'autres, hors société pour beaucoup.

À partir de cette première cure en Inde, je n'ai plus jamais dérogé à ça.

J'adore manger, j'adore boire, mais je respecte mon rythme.

J'écoute mon corps. Sujette au ventre lourd, aux brûlures d'estomac, aux déséquilibres intestinaux (merci à mon cerveau d'atypique !), écouter mes besoins me permet vraiment d'aller bien.

J'ai aussi arrêté de vouloir manger « à tout prix » quand les autres mangent parce que c'est l'heure de manger.

Je mange quand j'ai faim, ça se résume à peu près à ça et ça me va bien.

Je me reconnecte à mon corps, j'apprends à lui faire confiance et à me faire confiance.

Rentrée à Paris, je reprends la « T. *therapy* » qui, couplée à ma cure, me fait perdre onze kilos en cinq mois.

Première fierté, je suis capable ! Je peux y arriver.

Mon corps revient à moi ou je reviens à lui, je ne sais pas, mais ce que je sais, c'est qu'il me donne de plus en plus de signaux.

Hypnothérapie, psychothérapie, j'enchaîne les rendez-vous pour aller mieux, le chemin va être encore long, mais l'impression d'avoir un électrocardiogramme plat laisse la place à celle que mon cœur bat, un peu… mal, en souffrance, mais il bat.

L'école de danse tourne, j'abats beaucoup de travail, beaucoup trop, j'enchaîne les formations. Mon diplôme de psychopédagogue en poche, je commence à recevoir les clients au studio où j'ai un petit bureau. Énormément de travail, mais j'ai besoin de nourrir mon cerveau, j'ai besoin du mouvement pour chasser mes peurs et surtout, je gère de plus en plus d'intendance au studio et de moins en moins de cours. Je ne le vois pas encore, mais progressivement je m'éloigne de mon « pourquoi », de la raison essentielle qui m'a fait créer cette boîte. Plus elle grossit, plus elle est lourde à gérer, moins je m'amuse, or j'ai besoin de m'amuser.

À la maison, rien ne s'améliore, tout se complique.

Je ne veux plus me laisser faire, ne veux plus accepter ce que j'ai accepté pendant autant d'années.

Le nouveau projet qui se dessine va encore compliquer la situation.

Acheter un appartement.

Toutes ces années durant lesquelles il aimerait bien que je gagne (beaucoup) plus se transforment tout à coup en un coup de chance qui nous permet d'acheter du neuf sur plan.

Seulement, voilà… Ses parents lui font une donation importante face à laquelle je ne pourrai jamais faire le poids et qui induit qu'on ne sera jamais à 50/50 sur l'appartement. Je serai encore chez lui.

— Tes parents n'ont qu'à faire un apport.

— Ils ne peuvent pas.

— C'est une chance qu'on puisse acheter grâce à mes parents.

Dans l'absolu, il a raison.

Il reste une grande différence, c'est que je ne suis plus prête à plier comme je l'ai fait toutes ces années.

Prendre conscience de mes capacités avec le sport, réaliser que je peux bouger, aux sens propre et figuré, m'a vraiment aidée parce que mon cerveau remis en mouvement a réussi à percevoir les choses différemment, à admettre que ce que je crois n'est souvent pas la vérité, mais une vérité construite de toutes pièces par les peurs.

Les formations, être au contact de gens bienveillants et à l'écoute, la thérapie, c'est une succession de choses mises en place qui m'a permis d'avoir la force et le courage nécessaires pour faire le premier pas sur l'Everest que je m'apprête à gravir.

Je suis parfaitement consciente que ça ne va pas être simple, mais je mets en place une nouvelle dynamique, j'apprends à regarder maintenant et uniquement maintenant.

> « C'est l'histoire d'un homme qui tombe d'un immeuble de cinquante étages. Le mec, au fur et à mesure de sa chute, il se répète sans cesse pour se rassurer : jusqu'ici tout va bien. Mais l'important, c'est pas la chute, c'est l'atterrissage. »
>
> *La Haine*

Jusqu'ici tout va bien, ce n'est pas simple, mais je réussis.

Le niveau deux de l'Everest se complique un peu… L'appartement nécessite de faire des choix, en amont et lui a beau être d'accord sur le principe pour que je choisisse, dans les faits, tout est très différent.

Tout est complication, argumentation, tous mes « non » sont discutés, bottés en touche, négociés, je m'épuise.

J'apprends l'exercice du disque rayé et je me mets à le maîtriser à la perfection. Je répète calmement, lentement, gentiment, indéfiniment, je modifie ma façon d'expliquer, j'ajoute des arguments, je modifie mes tournures de phrase, mais quand je dis non, je souhaite que ce soit non.

Épuisant...

Je perds mon latin, je veux être entendue, rien de plus, les situations deviennent plus cocasses les unes que les autres et mon obstination porte rarement ses fruits. Au fil des mois, l'incompréhension est pleinement en place, le projet appartement devient son projet parce que j'en ai de plus en plus assez, mais je continue à lutter... Pour l'exercice et parce que je veux apprendre à me faire respecter. J'en ai assez et je comprends que si je ne me fais pas respecter, je n'avancerai jamais.

Je ne sais toujours pas pourquoi j'ai choisi cette relation et pourquoi je l'ai acceptée si longtemps. Quelque chose relève pour moi d'une confusion énorme entre l'amour et la possession. Inconsciemment, peut-être ai-je confondu les deux.

Évidemment, très vite, j'ai vu que tout ça n'était pas sain, mais c'est si difficile quand on se trouve dans une situation de faire la part des choses et je n'avais pas le mental nécessaire pour partir. La confiance et l'estime de moi me manquaient considérablement.

L'appartement livré, pas besoin d'être fin clerc pour comprendre que les choses ont empiré.

Un appartement témoin. Magnifiquement décoré. Parfaitement rangé, rien qui dépasse. Les livres organisés par ordre et par couleur, la lumière dorée et tamisée, les lampes parfaitement installées.

Sublime, tout est sublime, mais c'est un appartement témoin.

À tel point que le jour de l'estimation, l'agent immobilier reste sans mot :

— On dirait un appartement témoin.

— N'est-ce pas, vous avez raison : on dirait un appartement témoin.

Un appartement de magazine, prêt à être pris en photo, mais moi, je veux un appartement dans lequel on vit, dans lequel je vis.

Impossible, incompatible, et j'en ai tellement marre de lutter que je finis par dire oui à tout. Je me désinvestis totalement de l'appartement.

C'est de plus en plus difficile, nos disputes sont de plus en plus violentes, je me fais de plus en plus peur... Je sais que je ne vais plus rien lâcher et que lui non plus. Malheureusement, ma capacité d'argumenter est bien en deçà de la sienne. Je ne sais pas le faire, je m'épuise rapidement, la peur me fait me renfermer dans ma coquille. En un rien de temps, mon cerveau déconnecte, je ne réussis plus à construire ma pensée, à la structurer, je ne parviens même plus à penser, alors de guerre lasse, je lui donne le loisir de finir sa plaidoirie, je suis déjà au sol.

Si je veux me sentir respectée, je dois apprendre à me faire respecter.

J'ai conscience que ce désir implique de changer la totalité de notre relation.

Lui demander de me voir comme une personne indépendante qui a ses propres idées, ses propres choix, ses propres envies, celle que je veux devenir, même si, malgré l'aide de ma psy, je titube encore un peu dans cette nouvelle posture.

Lui demander de percevoir les choses totalement différemment, je sais que j'en demande beaucoup, mais ce couple-là, de cette façon-là, ne me convient plus du tout, je veux être moi.

Après une énième dispute, sur un énième sujet de déco ou le déplacement d'une chaise de quelques centimètres, je lui propose une solution.

— Je n'arrive plus à gérer ta névrose obsessionnelle.

— C'est toi qui as un problème avec elle, pas moi.

— Tout à fait, allons voir un thérapeute de couple.

— Tu n'as qu'à aussi me demander de croire en Dieu !

— C'est comme tu veux, mais je vais partir.

Pour une mystérieuse raison – pas si mystérieuse que ça –, mon désir de le quitter n'a jamais été pris au sérieux de sa part. Il m'a fallu le lui dire plusieurs fois et c'est finalement le thérapeute de couple qui a dû le lui dire… Il ne me croyait pas.

Pour une autre mystérieuse raison, il finit par accepter l'idée du thérapeute de couple.

Expliquer à quelqu'un d'extérieur notre situation me fait un bien fou. Au fur et à mesure des séances, je prends conscience que je ne suis pas dingue et que ce que j'accepte n'est pas acceptable du tout.

Je dis non de plus en plus, mon état émotionnel fluctue, les crises s'accélèrent, s'amplifient, je ne lâche plus rien parce que je sais que le thérapeute et ma psy sont avec moi, mais à la maison je suis seule avec lui et je fatigue.

Il me pousse à parler, il me pousse dans mes retranchements, je deviens dingue, je tremble, je suffoque, j'ai envie de hurler, il ne supporte aucune de mes prises de position, je refuse de renoncer à ce en quoi je crois, je refuse de lui laisser le contrôle de ma vie.

Mon cerveau est saturé, l'école et mes amis sont là encore et toujours pour me permettre de garder le cap et même si à la maison nous nous faisons vivre un enfer mutuel, je porte à l'intérieur quelque chose que je suis incapable de nommer, mais qui ne me quittera plus jusqu'à la fin.

Je ne veux pas lâcher, il ne veut pas lâcher, c'est définitivement incompatible.

La violence qui m'habite de plus en plus me déstabilise parce que je ne la connais pas et je ne sais pas quoi en faire. J'en ai peur parce que je me sens totalement déterminée à me battre pour sauver ma peau.

C'est lors d'une énième dispute qui ne s'arrête pas et qui monte *crescendo* que je comprends que pour moi, c'est impossible.

Il veut parler encore et toujours des mêmes choses que j'ai déjà dites dix fois, cent fois. Il veut me faire changer d'avis et je ne veux pas changer d'avis. Il veut avoir raison, que j'accepte sa vision des choses, mais je ne suis plus prête à ça. Je voudrais juste qu'il accepte que je ne suis pas d'accord et que ce n'est pas si grave.

Il insiste, encore, toujours, il me suit partout.

— Je veux parler.

— On a déjà parlé.

— Oui, mais je t'explique autrement.

— J'ai compris ce que tu m'expliques, mais je ne suis pas d'accord.

— Non, mais écoute-moi.

Indéfiniment… des heures entières, tous les jours.

Je m'enferme dans la salle de bains, une fois de plus, j'ai un crayon à maquillage à la main, il entre dans la salle de bains, je lui demande de sortir, il refuse, j'insiste, il refuse toujours. Je m'approche pour fermer la porte, il glisse son pied pour que je ne le fasse pas.

L'envie féroce, animale, je me demande si on peut tuer quelqu'un avec un crayon à maquillage.

La scène est démente, je ne sais plus qui je suis, je suis totalement dissociée, tout ça va trop loin, il faut qu'on arrête.

On a atteint le climax.

— Je te quitte.

Une fois, deux fois, trois fois, quatre fois.

Changer de pièce, de jour, d'heure, d'ambiance, toujours le même discours qu'il n'entend pas, que je ne réussis pas à lui faire entendre. Cette foutue communication qui ne fonctionne pas.

Les séances chez le thérapeute continuent, elles sont de plus en plus lunaires, et le thérapeute prend conscience de l'ampleur de la situation.

Comme mon discours reste toujours inaudible pour lui, je demande au thérapeute de le lui dire.

Je crois qu'il l'entend…

— On va en parler.

— Non, il t'a dit.

— Oui, mais on peut quand même en parler.

— Non, il n'y a plus rien à dire.

— Oui, mais…

Des jours et des jours, mais pour moi il n'y a plus de sujet…

J'ai réussi.

« Alors, le loup se jeta sur la petite chèvre et la mangea. »
La Chèvre de monsieur Seguin – Alphonse Daudet

Bercée pendant les premières années de ma vie entre un violeur aux dents longues et une histoire tragique dont la petite chèvre ne revient pas vivante, j'ai cru longtemps que la liberté était dangereuse, que la liberté avait un prix, celui de la vie.

Je donne ma vie sagement en attendant qu'on me dicte les règles, les enjeux, mes droits et surtout mes non-droits.

Il a pris mon corps de petite fille, a induit que la vie, c'est appartenir à quelqu'un. Il m'a demandé tant de fois le silence que j'ai fini par croire que me taire me donnait ma valeur.

Personne n'a besoin de monsieur Seguin, aucune femme ne doit être accrochée à un enclos et écouter religieusement les règles.

Je prends ma liberté, je me donne le droit, je n'attends plus que qui que ce soit me le donne.

Urgence de vivre

Quelques années avant…

C'est ma deuxième ou ma troisième cure ayurvédique, je ne sais plus.

Allongée au bord de l'eau, je laisse partir avec la mer la tristesse de cet enfant qui n'est pas venu. Je me souviens de Varanasi, l'ancienne Bénarès, quand j'arpente les toutes petites rues et les vieux temples pour débloquer l'énergie de l'enfant. Je me souviens de mes prières au bord du Gange où je me dis que la mort est un passage comme un autre, que chaque crémation sacrée me confirme qu'elle n'est pas si grave, elle peut aussi être douce. Nous avons tendance à mystifier nos morts en Occident, mais peut-être est-ce à un autre niveau, la vie n'est finalement qu'un va-et-vient.

Je me souviens du darshan d'Amma encore plus loin dans le Kerala… son visage à l'odeur poudrée et ses bras forts et puissants qui m'étreignent me susurrant à l'oreille un nombre incalculable de « ma chérie » pendant que la musique indienne joue dans ce qui ressemble étrangement à un immense hangar.

Je me souviens de mes prières à Amma pour que tu viennes, mon tout petit… en vain.

Allongée au bord de l'eau, je refais l'histoire et chaque larme que je verse vient se mélanger à l'immensité de l'océan, chaque larme que je verse restera là, dans ce coin de paradis qui me tient tellement à cœur… parce que tu es partout et que je suis partout avec toi.

Je me souviens que le livre de la vie est fait pour être lu et surtout vécu, que les pages sont faites pour être tournées, alors dans une grande respiration, au rythme du mouvement de l'eau, je me souviens que la vie n'est que mouvement, je m'accroche à ce que V. appelle mon élan de vie hors du commun et je décide que le moment est venu de tourner les pages… celle de mon mariage et celle de l'école de danse.

Dans une grande respiration, je sais qu'aucune des deux étapes ne sera simple, je sais que la thérapie de couple va peut-être être une des clés, même si je n'y crois plus, je sais que pour l'école j'aurai besoin de temps et je me laisse deux ans.

Sur cette plage du Kerala, je décide qu'en juin 2020, je fermerai l'école de danse et que seule, je rentrerai à Nîmes, chez moi. Retrouver mes racines, la lumière du Sud, les miens qui me manquent tant.

Je suis libre.

Mon diplôme de psychopédagogue en poche, je commence à consulter à l'école de danse, et ces accompagnements donnent à ma vie une nouvelle lumière, une nouvelle façon de l'aborder.

Hypnose ericksonienne puis hypnose symbolique avec Audrey, PNL, orientation positive, je continue les formations. Me nourrir, encore et encore, donner à manger à mon cerveau avide de nouvelles connaissances, curieux et qui craint excessivement l'ennui… Le haut potentiel, je l'apprendrai plus tard avec le test de douance.

Je me sens légère, les séances de sport avec T., l'ayurvéda et la séparation, même si la « coloc » doit durer un peu, me donnent une autre énergie. J'ai trop longtemps entendu que je suis grosse, j'ai encore du mal à m'adapter à ce nouveau corps et aux dix kilos que j'ai perdus. Je ne sais plus trop qui je suis, mais je me sens de mieux en mieux.

Le regard des hommes sur moi change et j'ai besoin de me prouver que je plais, que je suis désirable, j'ai besoin de me prouver que j'existe encore en tant que femme. Au-delà de ça, j'ai besoin de prendre une vraie place dans une relation, d'arrêter de me positionner en femme soumise. Maintenant que je me suis reconnectée à mon corps, j'ai besoin de faire la même chose avec mes émotions. Sortir de ma *panic room*, me remettre à sentir et ressentir, à aimer sans souffrir, j'ai besoin de me respecter et de me faire respecter. Seule, hors sensation de danger, mon hypersensibilité se donne progressivement l'autorisation d'exister, de prendre pleinement sa place. Peu à peu, je comprends que ce « trop » qu'on me reproche n'est ni plus ni moins qu'une façon différente de ressentir l'existence, d'être au monde.

Finalement, si les autres n'étaient pas assez ?

Toutes ces années, la bataille que je mène avec lui m'empêche d'en prendre pleinement conscience, je ne peux pas être sur tous les fronts. Maintenant que j'accepte de plus en plus qui je suis, je remarque que cette haute sensibilité s'invite au quotidien et que je ne pourrai pas faire l'économie de la prendre en compte ; d'ailleurs, je n'en ai pas envie. Dois-je lutter pour être comme les autres ? Encore d'autres cadres, d'autres structures, d'autres suradaptations ?

Je décide de faire autrement, puis de voir… Mais comment faire quand on ne sait pas faire ? On apprend. Patiemment, avec courage, en regardant ses peurs en face, en cessant de se positionner en victime, en sortant de sa zone de confort, en acceptant le tout et le pas assez. En embrassant la vie dans sa totalité, en faisant coexister nos ombres et nos lumières, en remerciant les deux avec beaucoup de gratitude pour ce que chacune d'entre elles nous apporte.

Agir, passer à l'action, vivre et constater.

Toujours le même paradigme qui me convient assez bien.

Je suis à nouveau la petite licorne qui court dans la prairie, comme dit V. Libérée des chaînes que je m'étais mises, je retrouve ma joie de vivre, ma légèreté, j'arrête de m'adapter et de me suradapter, je deviens moi petit à petit et je choisis de le rester, que cela plaise ou non.

Un moi avec des joies très fortes, des tristesses très fortes, un moi qui aime le monde autant qu'il a besoin de calme et de solitude, une extravertie sauvage ou une introvertie sociable ? Ni l'une ni l'autre, ambivertie, comme nombre d'hypersensibles. Un peu des deux, selon les jours, selon mon état émotionnel, selon mon besoin de recharger nos batteries. Un peu des deux induit par un système nerveux spécifique qui consomme beaucoup d'énergie, hyperréceptif à tout ce que la vie met sur son chemin. Aux couleurs, aux bruits, aux odeurs, aux ambiances, à l'énergie d'un lieu, d'une personne, à la souffrance d'une autre, à la douleur ressentie par une situation. Tout le temps dans le ressenti, et notre énergie se réduit comme peau de chagrin si on oublie de la prendre en compte, si on oublie d'écouter ses baisses, si on oublie de prendre soin de soi et juste de soi. Un bain ? Un livre ? Une balade dans la nature ? Du sport ? Peu importe, pourvu qu'on soit seul pour récupérer de l'énergie. Un moi empathique, aux émotions qui débordent, avec des besoins souvent différents de ceux des autres, mais je décide d'accepter puisque s'adapter à outrance ne fonctionne pas.

Souvent, le chaos – un chaos agréable, mais tout de même. Ma priorité, je l'ai compris au bout de ces douze années, c'est d'apprendre à dire non. Faire la distinction entre dire non et la peur viscérale de créer un conflit, de décevoir, de ne pas être aimée, prendre ce risque de ne pas être aimée. Et pour le prendre, j'ai besoin de m'aimer, de cesser de me regarder comme une femme nulle, d'écouter cette petite voix qui passe son temps à me dire que je suis une impostrice, lui laisser moins de place et m'aimer beaucoup plus que je ne l'ai fait jusqu'à présent. J'ai besoin d'arrêter de me maltraiter et de me laisser maltraiter, je dois apprendre à me positionner, apprendre à me donner moi-même ma légitimité, et prendre cette voix de l'imposteur comme un soutien, une aide, un petit signal, mais rien de plus, parce que c'est ce qu'elle est ! Là ni pour nous détruire ni pour empêcher d'avancer, l'imposteur est un ami comme les autres. Si vous l'apaisez, si vous le rassurez, si vous lui dites que vous comprenez son message de protection sans lui laisser toute la place, vous allez voir que tout sera plus simple ! Dealer avec lui est toujours la meilleure des solutions.

J'ai besoin d'être conquise par moi-même, je dois m'autoséduire !

Pas comme un soldat vaillant face au combat, mais plutôt avec douceur, séduction et empathie envers la femme que je suis.

Et pour ce faire, je choisis le pire chemin qui soit… La vie va rapidement me rappeler à l'ordre.

Les parcours FIV, un couple en perdition depuis des années, le stress, le poids, l'image que l'autre me renvoie de moi, que je prends pour argent comptant (c'est ça, la vraie erreur), je suis persuadée que je ne peux plus plaire.

Le fait d'être seule, de voir mon corps se transformer, de m'ouvrir à nouveau à la vie, de m'accrocher à cet élan et à ce besoin vital d'être en vie et envie, crée une alchimie dont je suis la première surprise, et les prétendants… prétendent.

Je veux des papillons dans le ventre, je veux ressentir à nouveau, je veux me remettre à vibrer, je veux l'excitation de l'attente, la violente douceur de l'avant, la vibration folle qui précède un premier baiser, je veux des bras qui me caressent, qui me déshabillent, des corps chauds collés au mien, des yeux qui me regardent avec envie, je veux tout, je veux la passion des débuts et qu'elle ne cesse jamais, je ne veux plus jamais m'ennuyer et je vivrai toujours trop, par peur de ne pas vivre assez, par peur de m'ennuyer, par peur de mourir.

Je ne crains pas la mort, ma plus grande peur, c'est la peur de ne pas vivre. Vivoter ? Ne pas ressentir extrêmement fort ? J'ai peur que ma vie se transforme en quelque chose de plat et de fade comme j'ai pu avoir tendance à la laisser se transformer et je refuse catégoriquement.

Je n'ai pas d'enfant, je suis seule, j'ai 20 ans (un peu plus du double, mais c'est pareil), je veux vivre ! C'est toujours comme ça que j'ai voulu vivre !

Focus sur les prétendants, de toute façon, maintenant je vais me faire respecter !

« C'est ce qu'on va voir… Signé : L'univers. »

Un petit revival de quelques ex, parfaits *sex friends* pour se remettre le pied à l'étrier du sexe. Une soirée arrosée, « pleurer des rivières, j'en ai pleuré à quoi ça sert[(9)] », manger un morceau, échanger, rire, partager, constater qu'on a vieilli, mais qu'on s'en fiche, ressasser deux, trois souvenirs, ânonner un « c'était mieux avant », qui confirme qu'on a vieilli, bitcher un peu sur celui ou celle qu'on vient de laisser et finir au lit, sans autre forme de procès, sans complication, sans ambages, sans circonvolution, le vin qui monte à la tête, la musique qui détend.

— Tout ça ne mène à rien…

— Mais pourquoi veux-tu que ça mène à quelque chose ?

— Je ne sais pas, à quoi bon s'envoyer en l'air comme ça ?

— Tu es la seule de mes ex avec qui je couche, tu réalises l'honneur !

J'explose de rire, c'est bien d'être aussi sûr de soi… Je récupère mon pantalon, mes bottes, vérifie mon rythme cardiaque : les montres connectées, c'est bien, ça permet même de voir si le cœur ne monte pas trop pendant le sexe, je file.

Il a raison dans l'absolu, pourquoi je ne peux pas me contenter de ce que j'ai ? Est-ce que j'ai envie de faire ma vie avec lui ? Définitivement, non ! Alors, pourquoi vouloir plus, pourquoi se poser des questions qui ne servent à rien, pourquoi chercher à comprendre un truc où il n'y a rien à comprendre ? Parce que c'est mon mode de fonctionnement ? *Prends, Ludivine, vis, profite du moment et arrête de te demander ce qui va arriver après !* Ce foutu cerveau, cette manière épuisante de remettre en question, tout, tout le temps, de toujours tout questionner, malaxer les ressentis, les idées, interpréter les phrases, les dits, les non-dits, pourquoi se fatiguer comme ça ?

Autre ex, quasiment la même situation, à l'école de danse. Il déboule d'on ne sait où, il est à Paris pour quelques jours, est-ce que je veux dîner ? Je suis déjà invitée, j'ai déjà bu quelques verres chez des amis quand il m'appelle, je ne sais pas ce que je vais faire après, il a très envie de me voir. L'école de danse est devenue ma maison, même si on est encore en colocation, j'ai tout installé pour m'y sentir bien pour pouvoir y dormir, j'ai investi dans un matelas gonflable… à défaut d'avoir « une chambre à moi » comme dirait Virginia Woolf. Une femme a besoin d'une chambre à soi pour se réaliser.

— Tu dors où ? Je suis à Paris.

— Au studio de danse.

— Je te rejoins.

Très tard, trop tard dans la soirée qui est déjà la nuit, il me rejoint avec une bouteille de tariquet, monsieur a du savoir-vivre, et l'avantage des ex, c'est que s'ils ont un peu de mémoire, pas besoin de leur expliquer cent ans ce que tu aimes boire !

Le « très envie de te voir » est synonyme de « si tu disais oui, je ne dirais pas non »…

Très en couple, visiblement il s'auto-autorise la liberté… Je suis le mal, mais ce n'est déjà pas simple de régler mes propres problèmes, je ne vais pas en plus m'atteler à ceux de mes ex et de leurs couples.

Il vient, on boit du tariquet, on rit, on ressasse des souvenirs, dit que c'était mieux avant, lui ne veut pas bitcher sur la nana parce qu'il est toujours avec…

Autre soir, autre ex, même rengaine, même début de soirée, même fin de nuit.

Autres mains, autre corps, autres sensations.

Ah oui, c'est vrai, lui il fait comme ça, j'avais oublié.

— À bientôt, on s'appelle.

— Oui, voilà, faisons ça.

Même conclusion : à quoi bon ?

Stop !! Arrête, c'était chouette, une bonne soirée, un mec gentil et drôle, et de toute façon, je n'ai pas envie de faire ma vie avec, donc profite.

Je ressens, p***, je ressens à nouveau, c'est ça, l'essentiel !

Les caresses me font frémir, les baisers vrillent mon ventre, je pleure de rire à nouveau, le vin me monte à la tête, je ressens, c'est ça, l'important !

J'ai l'impression toute nouvelle d'effleurer la femme que je suis, de la découvrir, plus forte, plus libre, plus à même d'entendre et d'écouter ses propres désirs, l'important est là, au creux de mon corps, au plus profond de mon ventre. Faire l'amour toujours pareillement, mais totalement différemment. Accepter, refuser, oser, donner et recevoir, être là, ne plus attendre, être pleinement consciente, une méditation, un instant présent qui change aussi, faire l'amour, c'est grandir aussi.

Nouvelle formation, nouveau formateur, charismatique, sportif, convaincant, le regard noir et perçant, beau, jeune… trop jeune, pas le sujet.

Je ne me méfie pas… pas assez. Je ne veux pas le voir venir, mais je le laisse venir, je n'oppose rien, je ne résiste pas, j'ai conscience du jeu dangereux, mais j'ai envie de jouer, de me tester, y aller coûte que coûte, corps à corps, tant pis si je souffre, souffrir plutôt que ne rien ressentir.

On se comprend sans se parler, on boit un verre, il dit fantasmer sur moi, sur mon corps, grand tralala, je me noie comme une midinette dans ses yeux, je bégaie, flanche, m'embarque dans un grand n'importe quoi… On se voit quand il est à Paris et quand il répond… Il donne des rendez-vous auxquels il ne vient pas, disparaît, réapparaît, évidemment je réponds oui, il est compliqué, tout est compliqué, il est aussi très en couple, et sa nana se méfie tellement de lui qu'elle débarque un jour à l'école de danse…

Je l'attends… Je ne dis rien de ces rendez-vous plantés, je ne dis rien quand il débarque à la dernière seconde et qu'il veut me voir, rien quand il part sans crier gare prétextant une situation improbable. Je l'héberge à l'école quand il en a besoin, je lui fais ses courses… N'importe quoi !

Dialogue de moi à moi… (Oui, je me parle beaucoup !)

— *Mais jusqu'à quand ?! Ce n'est pas ça, le respect de soi…*

— *C'est vrai, mais je suis en vie, je ressens, ça fait tellement de bien de vibrer !*

— *Ah, mais si tu aimes souffrir, si c'est comme ça que tu te sens en vie, vas-y, fonce. Continue à trouver des mecs qui te considèrent comme la dernière des dernières et lave leur linge en plus, c'est hyper bon pour ta santé mentale, tu vas voir !*

— *Non, je n'aime pas souffrir, mais c'est peut-être temporaire, peut-être qu'il va arrêter et faire ce qu'il dit, on pourrait avoir une histoire !*

— *Tu crois vraiment ce que tu dis ?*

— *NON…*

— *Alors, jusqu'à quand ? Tu as vraiment besoin qu'on te considère si peu pour te sentir en vie, il n'y a pas une autre façon ?*

— *Je n'en sais rien…*

— *Cherche. Apprends à dire NON, tu verras, ça marche bien et tu vas enfin te faire respecter.*

— *Ah bon ?*

—Je vais essayer... mais juste après lui, enfin pas lui, celui d'après...

Quelques larmes, quelques kilomètres parcourus pour le retrouver, quelques hôtels payés pour héberger nos nuits... Je prends mes papillons dans le ventre dans mes bras, je les berce, les calme, et me dis que tout ça n'a aucun sens. Arrêt des jeux.

Respirer, repartir de zéro, se calmer, se faire respecter, dire non, ça ne doit pas être si compliqué !

Regard ténébreux, humour féroce, sportif, papa, le bon âge, excellent cuisinier (ça, c'est bien), pas trop loin de chez moi (pratique), on s'écrit beaucoup, je fonds.

— Tu es une amoureuse de l'amour : me hurle V. Calme-toi, petite licorne, tu vas encore te brûler les ailes et chialer.

— Mais non ! Je me fais respecter maintenant.

— (Rires même pas étouffés.)

Des débuts prometteurs, des échanges très chouettes, on avance petit à petit. Papillons sous coke encore une fois, consciemment, je sais que ça n'ira nulle part tellement il est englué dans une ancienne histoire dont il n'arrive pas à se dépêtrer, mais mon émotionnel, qui a une sale faculté à ne voir que ce qui l'arrange, me hurle de foncer... J'ai besoin de vibrer, j'écoute mon émotionnel...

Il me cuisine de petits plats improbables, me dit que je suis « super bien gaulée » (avec ce que ça me coûte en séances de sport...), des nuits d'amour à n'en plus finir, je m'amourache...

Il disparaît, du jour au lendemain ou presque... le sketch !

— C'est bon, l'univers, j'ai compris la leçon, cette fois-ci. Je ressens, je vibre, je suis sensible, je mérite mieux que ces histoires bancales, tu n'as pas un tuyau à me donner ?

— Tu dois tout poser à plat, tout remettre en question, tu dois apprendre à te voir autrement, tu as toutes les cartes en main, arrête de donner la responsabilité de ta vie à d'autres et passe à l'action comme tu l'as déjà fait, parce que tu sais le faire. Flippe un peu si tu veux, mais passe à l'action.

— Merci, l'univers.

You rock !

J'ai souvent eu besoin que les autres imaginent pour moi que je suis capable de faire quelque chose avant de pouvoir l'imaginer moi-même. Toujours au bon moment, j'ai rencontré quelqu'un qui imaginait pour moi, qui m'insufflait une énergie qui ne me lâcherait plus. Alors, je me mets à y croire, ma force réside là. Quand je crois en quelque chose, je suis capable de travailler dur et de remuer ciel et terre pour y parvenir. Mais jusque-là, j'ai toujours besoin que quelqu'un me donne le droit, son assentiment, ma légitimité. Ma force réside dans ma croyance profonde que je ne suis pas sur cette Terre juste pour vivre, mais que je suis là pour accomplir quelque chose, pour apporter ma pierre, pour contribuer, c'est une des caractéristiques du haut potentiel, l'entéléchie. Pour certains, les traumatismes, les peurs, l'histoire de vie les bloquent, pour d'autres, dont je pense faire partie, c'est tout le contraire, je me bats pour dépasser ce qui m'arrive.

Un jour, perdue dans le flot de mes pensées, égarée dans cette vie qui me semble tellement loin de tout ce que j'ai prévu pour moi, j'appelle V. :

— Pourquoi je reste ? Qu'est-ce qui me fait tenir ? Je ne vais pas y arriver.

— Si, tu vas y arriver, parce que tu as un élan de vie hors du commun. Quand tu es arrivée à Paris, tu as trouvé du travail rapidement. Tu as réussi à monter ta boîte malgré toutes les contraintes, tu as un rapport au monde et une puissance de vie qui te permettent de démarrer et de recommencer. Je ne connais personne d'autre que toi qui as ça. Ne t'éteins pas. Continue à relever des défis, tu le fais extrêmement bien.

C'est bon d'avoir une amie chère qui vous dit ça, c'est bon de savoir que quelqu'un croit en soi parfois plus que soi-même…

Septembre 2019, je suis encore seule à savoir que c'est la dernière rentrée de l'école de danse. Je suis partagée entre la tristesse de tourner cette page de dix ans, j'ai horreur des fins… et la joie de la décision que j'ai prise, je ne m'y retrouve plus, je passe mon temps à régler des problèmes, je ne m'amuse plus, je donne de moins en moins de cours parce que gérer l'école est devenu mon boulot à temps plein. Je commence à chercher des cabinets de consultation à Nîmes et j'organise mon déménagement. Mon idée est simple, je ferme l'école en juin 2020 après un énorme dernier spectacle, puis je pars en Inde deux mois et en rentrant je me mets au travail.

Mon voyage en Inde cet été-là m'a bouleversée, trois semaines dans un ashram, choix un peu fou, mais totalement assumé.

Trois semaines au rythme de l'ashram. Le rythme est imposé, aucune possibilité d'y échapper.

5 h 20 : réveil

6 heures à 7 h 30 : *satsang* (méditation de groupe)

7 h 30 à 8 heures : thé

8 heures à 10 heures : yoga

10 heures à 11 heures : repas
11 heures à 12 h 30 : karma yoga
12 h 30 à 13 h 30 : yoga
13 h 30 à 14 heures : thé
14 heures à 15 h 30 : conférence sur l'histoire du yoga
15 h 30 à 17 h 30 : yoga
18 heures à 18 h 30 : dîner
18h30 à 20 heures : méditation
20 heures à 21 h 30 : *satsang*

Repas en silence, interdiction de sortir, aucune chaise, assise par terre tout le temps… Le troisième jour, je me demande ce que je fais là, très en colère contre moi et contre l'ashram. Pourquoi est-ce que je m'impose encore des contraintes alors que j'ai tout fait pour ne plus en avoir ? Pourquoi je me prive de ma liberté alors qu'elle est essentielle pour moi ? Ma présence est contrôlée partout. Le quatrième jour, je décide de partir. Je pleure pendant tout le *satsang* du matin, puis je me dis que l'avantage de cette contrainte (que j'ai choisie… personne ne m'a obligée à venir), c'est qu'elle laisse toute la place à ma liberté. Puisque je n'ai rien d'autre à penser que moi, puisque mon temps est organisé, à la minute près, c'est le moment de se remettre en question.

Je quitte l'ashram, sonnée. Dans le tuk-tuk qui fait la route entre l'ashram et la clinique où je fais ma cure ayurvédique, épuisée, je suis heureuse d'avoir fait cette expérience et j'envisage même de recommencer… mais pas tout de suite !

La rentrée 2019 a une saveur particulièrement douce et puissante, bien que très bouleversante.

Prévenir les élèves va être difficile, je décide que je parlerai de la fermeture en avril 2020… Prévenir les professeurs va l'être encore plus, je dois le faire le plus vite possible… En septembre 2019, je ne sais pas ce qui me pend au nez, avec l'arrivée du Covid qui va perturber tous mes plans. Le rôle de cheffe d'entreprise n'est pas toujours simple et je l'endosse tant bien que mal, en l'occurrence, pas super bien.

Je me sens extrêmement légère, sereine, je sais que tout ce que je peux faire est entre mes mains, que je suis totalement responsable de ma vie et de mes actes et je trouve ça de plus en plus excitant.

Question histoires d'amour, ce n'est pas tout à fait ce que j'ai imaginé, il me reste un peu de boulot, mais je sais que je vais y arriver.

C'est un déjeuner avec Audrey qui change le cours de l'histoire…

Je lui explique mes histoires d'amour plus calamiteuses les unes que les autres, je ne trouve personne, ça me saoule… et gnagnagni et gnagnagna…

— Tu cherches quoi ?

— Un mec gentil, simple, normal, quoi.

— C'est quoi, un mec normal, pour toi ?

— Je ne sais pas, un mec bien !

— Comment veux-tu trouver si tu ne sais pas ce que tu cherches… ? Dresse une liste exacte et écrite du mec que tu cherches et demande à l'univers, sinon tu ne trouveras jamais.

— OK…

Un peu dubitative, mais toujours admirative d'Audrey, je lui fais confiance et je dresse la liste de ce que j'attends du mec bien…

La liste de mon mec bien :

- gentil ;
- drôle ;
- intelligent ;
- indépendant ;
- respectueux ;
- avec des valeurs fortes ;
- sociable ;
- galant ;
- qui me laisse être libre et être qui je veux être ;
- qui sait cuisiner et tenir sa maison sans moi (*OK, ça va…*).

P.-S. L'univers : 1,85 mètre et des yeux bleus (*ça, je le mets pour la blague*).

Voilà ma liste.

Je joins à cet inventaire un mantra que je me suis créé pour moi-même.

J'aurais pu créer un mantra hyperpuissant, hyperinspiré, mais je suis allée au plus simple. Le principe de ce mantra est clair. Ce sera une des premières choses que je dirai à celui que je vais rencontrer : s'il réagit mal, s'il me prend de haut, s'il trouve ça nul, c'est qu'il ne me mérite pas. Je passe un deal avec mon cerveau et je me promets que je ne dérogerai pas à ma propre règle. Zéro négociation possible.

Le mantra : « Je suis fan des chansons françaises des années 1980. »

Ne soyez pas déçu, on fait ce qu'on peut en termes de mantra et je promets qu'il m'a énormément aidée.

Pour moi, ça veut dire un truc simple et hyperimportant que je n'ai jamais fait, je m'assume telle que je suis, que ça plaise ou non, et ça, c'est une sacrée révolution !

1er décembre, le recommandé pour les propriétaires est parti. Je résilie le bail le 2 juillet. Rien n'a été simple pendant ces dix ans avec eux et j'attends encore l'ajustement des charges de copropriété depuis dix ans… Notre relation a été faite d'avocats, de petites et moyennes guerres, j'ai payé pendant dix ans tout ce que je voulais changer dans le studio parce que je savais qu'ils ne feraient rien. Ce n'est pas grave, l'endroit est sublime, je suis extrêmement fière de ce que j'en ai fait. J'en ai pris soin, je peux marcher la tête droite, mais je pense que cette relation a aussi contribué à mon envie d'arrêter. Je ne veux plus de relation qui m'aliène avec qui que ce soit, je veux cesser tout ce que j'ai été, parfois regarder mes comportements de l'extérieur, me voir dire oui à tout me dégoûte de moi-même.

Je me prépare doucement à ce déménagement qui va arriver dans quelques mois.

Paris se démène entre les manifestations, les grèves, l'ambiance est un peu lourde dans la Ville Lumière et moi je vais délicieusement bien, *Christmas spirit* en bandoulière.

Des amis de longue date qui naviguent entre le Sud et Paris me proposent de dîner. Nos agendas ne concordent pas, ils ont un dîner de prévu à la seule date que j'ai de disponible, ce n'est pas grave, on doit passer le 31 ensemble dans le Sud, on se verra à ce moment-là.

Mystère de la vie… On garde la date à Paris, ils doivent dîner avec un ami, ils pensent que je le connais, je suis certaine que non, conversation rapide, rendez-vous fixé.

Aucun sujet, ils ne font pas partie des amis qui « présentent ».

J'aime arriver la première à un dîner. J'aime le temps de l'attente, la solitude dans le brouhaha, j'aime faire croire que je lis un livre et écouter les conversations des tables à côté, j'aime ce moment volé à la vie, j'aime regarder un restaurant qui s'anime juste avant les premiers dîners à servir, l'impression d'être dans les coulisses d'un spectacle juste avant que le rideau se lève.

Installée à table face à l'entrée (je ne m'assois jamais de dos), je bois mon thé à la menthe en écrivant trois lignes.

Je ne le vois pas arriver.

Il se tient devant moi et sourit, il a le plus beau et le plus large sourire que je n'ai jamais vu chez un homme.

— C'est vous, Ludivine ?

— Oui.

— Je crois qu'on dîne ensemble.

— OK…

Il s'installe face à moi, nos amis arrivent, il se retrouve à côté de moi, je ne sais pas pourquoi.

Toute la soirée, je l'ai regardé sourire, vu rire aux éclats, toute la soirée j'ai adoré ses yeux qui se remplissent de larmes quand il éclate de rire, toute la soirée j'ai eu envie de le toucher, évidemment j'ai du savoir-vivre, je n'en ai rien fait !

À la fin de la soirée, m'aidant à remettre mon manteau, il me demande si on peut dîner ensemble.

Devant le restaurant, alors qu'il attend l'arrivée de mon taxi et que nous échangeons nos numéros, je lui dis une phrase très simple.

— Je suis fan des chansons françaises des années 1980.

Je monte dans le taxi et reçois un SMS : « *Vive la chanson française des années 1980.* »

Je suis prête à me faire respecter, je suis prête à aimer, je suis prête à vivre ma vie.

Il est indépendant, très indépendant, drôle, extrêmement gentil, il a des valeurs fortes, il est sociable, galant, il me respecte, il m'apprend la liberté, il m'apprend à oser encore plus que je ne le fais déjà. Il soutient chacun de mes choix, me porte quand j'ai le cœur qui flanche, il sait tenir sa maison en revanche, il est très mauvais en cuisine (*bah alors, l'univers ?!!*).

P.-S : Il mesure 1,84 mètre et a les yeux bleus (l'univers ne comprend pas l'humour).

Il arrive dans ma vie au moment où je vais bien, au moment où je suis le plus prête. Il arrive dans ma vie peu de jours avant que je rentre à Nîmes pour préparer mon déménagement. Je ne connais pas la suite de notre histoire, mais je sais que je ne veux plus nier mes désirs et mes projets pour quelqu'un.

Alors, quelques jours à peine après notre premier baiser et notre première nuit, je pars à Nîmes, pour les trois semaines prévues. Je fête Noël près des miens, je visite un cabinet magnifique avec un balcon où je pourrai prendre mon café entre deux rendez-vous, un balcon qui donne sur un magnifique palmier… comme en Inde. Je lui envoie les photos, il le trouve beau, je signe le bail, je décide que je descendrai trois jours par semaine jusqu'à juillet, mon retour définitif.

Retour à Paris plus tôt que prévu, la gare, chez lui directement… puis retour chez moi, il aime son indépendance, je ne suis pas habituée à ça et je suis très déstabilisée, mais je joue le jeu… C'est ce que je veux, même si j'ai du mal à le mettre en pratique.

On organise notre rythme, on se voit le week-end, un soir dans la semaine, il fait des visites surprises à l'école pour m'embrasser.

Et puis, un soir, il m'appelle à 22 heures après mes cours. Ma hanche s'est bloquée en donnant le cours, depuis quelques jours j'ai des douleurs, mais là c'est insupportable.

— Ne rentre pas chez toi, viens à la maison.

— Non, non, on est lundi, pas mercredi.

— Viens à la maison, je te dis.

Il m'attend avec une soupe chaude, il prend soin de moi, tente de trouver des solutions pour que je n'aie pas mal.

Je finis chez l'ostéopathe deux jours après, ostéopathe qui prend peur quand il voit dans quel état je suis.

— Tu restes à la maison tant que tu souffres.

Ce n'est pas une invitation à vivre ensemble, il ne veut pas vivre avec quelqu'un, mais souvent, comme le dit si justement Truffaut « la vie a plus d'imagination que nous », nous ne le savons pas, mais nous sommes à quelques jours du confinement.

Je continue à donner mes cours, c'est aussi ça, être cheffe d'entreprise, parfois serrer les dents et avancer.

Jeudi 12 mars, 20 heures.

Entre le cha-cha-cha et la valse, sur mon téléphone portable, nous suivons les annonces.

Les ERP sont épargnés.

Dimanche 15 mars, 20 heures.

Je suis lovée dans le canapé, mon téléphone ne cesse de s'éclairer, les notifications arrivent de toutes parts. Dans l'insouciance qui n'en est plus une du film qui se déroule devant nos yeux, la vérité est là.

L'école de danse doit fermer.

J'appelle le comptable.

— Je vais pouvoir rouvrir quand, selon vous ?

— Vous ne rouvrirez pas...

— Ce n'est pas possible, je rends les clés le 2 juillet, je vais bien rouvrir avant ?

— Je crains que non.

Je fonds en larmes, le comptable est aussi démuni que moi.

Je fais quoi ? Je n'envisage pas une seule seconde la coloc à l'appartement.

M'installer à l'école de danse ? Partir chez mes parents ?

Sidération. Situation inédite, organisation compliquée !

Grandes réflexions, longs échanges, on se connaît depuis peu, se confiner ensemble ? Prendre le risque ?

On ne sait pas quoi faire, je suis partagée entre l'envie d'être avec lui et la peur de ce que ça pourrait induire, l'inquiétude de retomber dans mes travers. Il me propose de me laisser son appart, puis après quelques heures de sueurs froides et chaudes, de me confiner avec lui...

On part trois mois ensemble, on apprend à se connaître, en vivant en communauté, parfois à trois, parfois à cinq avec les enfants de son ami.

Une joyeuse équipe.

Pendant ces trois mois, petit à petit, je prends conscience que l'école n'ouvrira plus jamais, si ce n'est pour être vidée. Je prends conscience qu'il n'y aura pas de spectacle de fin d'année, pas d'au revoir, pas de derniers cours et que je ne pourrai pas rembourser les élèves puisqu'il n'y aura plus de cours.

En parallèle, je prépare la suite. Audrey lance sa formation de coach *ikigaï*, c'est le moment. Je me lance à fond dans ce nouvel outil, je découvre mes forces, mes talents, mes compétences, je découvre mon *ikigaï*, ma raison de me lever le matin, je me découvre encore plus et j'ajoute à ma pratique un outil puissant et riche. Je devine que la danse ne s'arrêtera jamais ! Mon *ikigaï* : « Initier le mouvement ». Pendant dix ans, j'ai mis les gens en mouvement avec leur corps, à présent, c'est avec leur tête, mais ma contribution au monde, c'est bien de mettre les gens en mouvement. De les aider à réaliser qu'ils ont cette force en eux et leur permettre de passer à l'action. Merci les thérapeutes, merci les psys, merci les coachs, merci Audrey…

Le retour à Paris signe la fin de l'appartement. Aidée par trois merveilleuses amies, je vide froidement cet endroit où je ne me suis jamais sentie chez moi puis quelques jours après, je vide l'école de danse… L'histoire est différente. Fermer l'école, c'est admettre que je n'ai plus d'adresse, plus rien. À l'école, je reçois mes amis, je fais mes apéros, mes soirées, je fais livrer mes colis, mon courrier… En fermant l'école, je n'ai plus de domicile. J'erre dans Montmartre et j'accuse (mal) le coup.

Il faut repenser les projets, les envies, je ne peux pas partir en Inde comme prévu, est-ce que je m'installe à Nîmes, est-ce que je reste à Paris ?

Visiblement, Paris ne veut pas que je la quitte !

Je reste à Paris. J'accompagne encore et encore parce que j'aime ça plus que tout. Je forme de plus en plus, c'est un peu comme donner un cours de danse ! Votre énergie me nourrit, me donne une force à nulle autre pareille et puis j'écris… de plus en plus.

Un à un, je réalise mes rêves, patiemment, mais sûrement. Je n'ai plus de limites. Parfois encore, j'ai peur et j'hésite, mais c'est normal, je suis un être humain et puis je me dis toujours la même chose… Même Superman a peur de la kryptonite!

J'essaie d'offrir ce que je sais faire de mieux, partager, vous donner confiance, vous montrer que vous êtes capable.

Le chemin a été long pour en arriver là. J'ai pris des murs, des cailloux dans les chaussures, j'ai pleuré à chaudes larmes. J'ai écumé des coachs, des thérapeutes, des psys, j'ai épuisé des hommes certainement dépités par mes larmes, j'ai eu mal et il m'a fallu du temps. Aujourd'hui, j'ai compris mon hypersensibilité, mon haut potentiel, je me suis comprise. Je sais que je ne suis ni mieux ni moins bien, que je fonctionne différemment. Les caractéristiques du haut potentiel sont simples et n'ont pas grand-chose à voir avec le fait d'être un petit génie. Un attachement fort au sens, à la loyauté, à la beauté du monde, un rapport à l'injustice et aux valeurs qui peut nous rendre malades, un besoin irrépressible de construire quelque chose dans ce monde qui peut être empêché par un perfectionnisme excessif. Des idées, tout le temps, le jour, la nuit, qui vont vite, très vite, souvent plus vite que nous, une curiosité et une capacité à remettre tout en question, y compris ce que nous sommes, liée à ce système neuronal rapide souvent éprouvant au quotidien si on n'y prend pas garde. Un besoin irrépressible de résoudre des problèmes, de trouver des solutions, un « cerveau gauche » qui ne s'arrête jamais. Le mental, le mental et encore le mental, poser des questions, comprendre ou du moins essayer, vivre dans les livres au risque de ne pas passer à l'action! C'est ça, la grosse difficulté des hauts potentiels que je rencontre en accompagnement, cette faculté à rarement quitter le mental, mais ça aussi, ça s'apprend ! Et puis, en parallèle, la même chose pour la partie émotionnelle, l'hypersensibilité, le « cerveau droit ». Des ressentis exacerbés, des odeurs qui nous donnent des haut-le-cœur, des bruits qui nous empêchent, des tissus qui démangent, une intuition à nulle autre pareille, et les autres que nous « sentons » avant même qu'ils nous adressent la parole. Voilà donc le curieux et délicieux mélange d'un cerveau neuroatypique avec lequel il faudra composer, qu'il faudra apprendre à réguler, à équilibrer : le cortisol, l'adrénaline, le stress. Apprendre à connaître ses limites et surtout à éviter de les dépasser. Comprendre que la procrastination autant que les montagnes russes émotionnelles, tout ça fait partie intégrante de notre façon de fonctionner à plus ou moins haute dose, en fonction de qui nous sommes et de l'environnement dans lequel nous évoluons.

C'est d'avoir compris tout ça qui me permet d'être moi aujourd'hui, et ça, ce n'est pas le WAIS qui m'y a aidée, ce sont les thérapeutes, les psys, les coachs que j'ai rencontrés, et c'est aussi le temps que je me suis donné pour commettre des erreurs, accepter et avancer. C'est l'analyse de mon mode de fonctionnement qui m'a permis de me découvrir et d'oser être moi, ni plus ni moins, de m'assumer sans tenter d'être quelqu'un d'autre et en cessant de me suradapter.

Je voudrais que vous puissiez assumer qui vous êtes et votre façon d'être au monde, quelle qu'elle soit, sans avoir honte, sans avoir peur, sans porter un masque d'adaptation qui vous bouffe la vie.

Je nourris l'espoir que vous ne vous disiez plus : « Ce n'est pas moi qui suis haut potentiel, c'est mon mari. »

Je nourris l'espoir que vous ne vous taisiez plus par peur ou culpabilité, vous méritez de parler.

Comprendre et accepter me paraît être la clé.

« Ce n'est pas bien, ce n'est pas comme ça qu'il faut faire », « Tu es trop, tu n'es pas assez »... Vous rencontrerez toujours quelqu'un pour dire ça.

Devenir adulte, c'est s'extraire de toutes ces injonctions. C'est accepter que nos parents soient des adultes comme les autres et qu'on ne doive pas attendre d'eux (ou de qui que ce soit) la reconnaissance une fois que nous sommes devenus adultes.

Devenir adulte, c'est accepter d'être nous.

Je pense qu'on fait erreur en donnant des recettes toutes faites. Métro-boulot-méditation-yoga-dodo. On se colle encore et encore des injonctions qui finissent par nous renvoyer vers nos propres faiblesses, nos manquements.

Nous n'avons pas besoin de nous infliger ça, la société le fait déjà bien assez.

– « Sois fort. »
– « Sois intelligent. »
– « Si tu rates, ce n'est pas bien. »
– « Si tu réussis, c'est mal vu. »
– « Ne t'habille plus comme ça après 45 ans. »

On finit par se perdre et on s'abandonne.

Les injonctions, aussi différentes soient-elles, finissent indéniablement par nous prouver qu'on ne va pas y arriver. Parce que nous ne sommes pas nés dans la même famille, parce que nous n'avons pas la même culture, la même éducation, parce que nous ne faisons pas les mêmes choix.

Être en paix, c'est accepter nos propres fluctuations. Accepter que certains jours nos émotions soient fortes et que d'autres, nous soyons complètement épuisés.

Accepter que ces atypies nous poussent parfois dans une solitude dont on n'a pas envie de se sortir, accepter qu'on puisse être efficace une heure et puis plus du tout pendant deux jours. Accepter nos multiples idées, nos peurs et nos besoins de rituels.

En prendre conscience permet de modifier sa façon d'être avec soi. Tenter de moins faire tourner le mental et de revenir au corps, sans cesse. Vos besoins, les besoins de votre corps en priorité pour pouvoir passer à l'action.

Je ne mange pas de fanes de carottes, je ne fais pas du yoga tous les jours, je n'ai pas de *morning routine*… rien de tout ça parce que je sais que sur du long terme, je n'y arriverai pas.

Pour autant, je mène la vie que j'ai envie de mener, je comprends que mes neuroatypies font partie de moi chaque seconde et j'en prends soin. Je me repose quand j'en ai besoin. J'arrête de vouloir ressentir uniquement le bon et prendre le contrôle sur l'inconfortable. J'arrête d'être en colère quand j'estime que je ne vais pas assez vite, quand j'estime que je pourrais faire mieux. J'arrête le plus possible de me comparer. J'assume de vouloir réussir en fonction de mes propres désirs, de ma conception de la réussite, j'assume mon ambition, j'assume chacun de mes choix. Je m'agace parfois après moi en ayant conscience que ça ne sert pas à grand-chose, que je dépense de l'énergie vainement. Je continuerai à être curieuse, à tester plein de choses. Je continuerai à m'assumer telle que je suis parce que je n'ai jamais été aussi heureuse que depuis que j'ai fait ce choix. Être heureux, c'est aussi éprouver beaucoup de gratitude pour les hauts et les bas, c'est accepter de laisser entrer l'inconfortable et l'accueillir à bras ouverts. Je ne me suis jamais sentie aussi équilibrée que le jour où j'ai réussi à regarder cet inconfort, à le laisser m'envahir sans en avoir peur.

Je continuerai à créer ma propre liberté parce que j'ai compris que j'étais seule à avoir les rênes de ma vie.

Je ne veux plus être la meilleure version de moi-même.

Je veux juste être moi, me remettre en question, me lancer des défis, dealer avec mes bons côtés, mes fragilités, ma sensibilité, mes limites que j'accepte de repousser, même quand ça fait peur, et tout ce qui me caractérise parce que c'est moi et être moi, ce n'est déjà pas si mal.

Ne plus attendre la reconnaissance, c'est se défaire du regard des autres, écouter ses propres besoins, ses propres limites pour choisir la vie qu'on a envie de vivre et la vivre.

L'audace d'être libre…

Aujourd'hui, je n'ai plus d'interdit. Un à un je les ai fait sauter. Certains facilement, pour d'autres il m'aura fallu plus de temps, d'énergie et de patience mais j'y suis arrivée, à éradiquer les interdits.

Dans une petite pièce immaculée, installée sur le canapé blanc, une chouette me regarde. Elle a les yeux grands ouverts, elle sait, la chouette voit dans la nuit. Sa propriétaire a les yeux aussi bleus que son rouge à lèvres est rouge. Chacun de ses regards lit une part de moi-même, j'en suis convaincue… C'est une chamane merveilleuse à qui je suis venue parler de ma liberté.

— Je crois que j'ai peur d'être libre, parce que si je suis totalement libre, alors je peux faire n'importe quoi.

Elle me sourit :

— Ce serait quoi faire n'importe quoi ?

— Je ne sais pas, aller dépenser l'argent que je n'ai pas au casino, partir en vacances tous les quatre matins, m'autoriser tout ce dont j'ai envie, sans limite.

— Et ça te fait peur ? Tu penses que tu vas faire ça ?

Plongée dans ses yeux bleus, le cerveau à mille à l'heure, les larmes au bord des yeux, j'esquisse un sourire, je comprends que je n'ai pas de raison d'avoir peur, que je suis à présent suffisamment alignée et équilibrée pour foncer sans avoir peur. Alors je prends une grande respiration, de celles qui nous libèrent totalement, je sens que j'ai passé une autre étape, peut-être même la plus importante.

Je n'ai plus jamais craint d'être libre.

Nourrir cette liberté me réjouit chaque jour. J'ai construit une entreprise que j'aime à la folie, qui se développe chaque année davantage et qui me permet de vivre la vie que j'ai envie de vivre. Je suis indépendante, j'accomplis mon *ikigaï*, pleinement épanouie. Je sais que ma force réside dans ce que je mets en place quotidiennement, dans les accompagnements que je propose et je me sens à ma place professionnellement.

J'ai la chance, ou plutôt, je me suis donné les moyens, de rencontrer un homme merveilleux qui m'apprend chaque jour la liberté, que l'amour est liberté. Souvent, je me dis que j'aurais tellement aimé le rencontrer avant, j'aurais tellement aimé construire avec lui une famille… Et puis je me dis qu'il n'y a pas de hasard, qu'il y a un temps pour tout et surtout un temps pour être prête. Et ce temps c'est maintenant.

Tout va bien ?

Oui, tout va bien. Je suis heureuse et pleine de reconnaissance pour toutes ces années quoi qu'il en soit…

1. L'imposteur, un ami comme les autres

Il apparaît comme un syndrome, passe son temps à vous dire que vous n'êtes pas assez bien, pas à votre place, pas légitime, pas assez expert.

Vous passez un temps sans limites à vouloir le faire disparaître, alors que son seul message, c'est « fais attention », mais un peu maladroit, par peur que vous ne l'entendiez pas, il vous le répète mille fois dans le cerveau, comme si vous vous apprêtiez à opérer à cœur ouvert sans le diplôme requis.

Plus vous allez vouloir l'éradiquer, plus il aura l'impression de ne pas être écouté, plus il va crier.

Tentez plutôt de le rassurer. Parlez-lui avec douceur, dites-lui que vous l'entendez, que vous l'écoutez, dites-lui que vous faites attention à lui et que vous êtes tout à fait capable d'avancer seul. Prenez-en soin et promettez-lui de faire appel à lui dès que vous en aurez besoin. Une main de fer dans un gant de velours, ça fonctionne toujours mieux.

2. Cultiver le bien-être de son système nerveux

Il est une fleur fragile dont il faut prendre soin avec minutie. Apprenez à vous connaître. Demandez-vous de combien d'heures de sommeil vous avez besoin pour être en pleine forme. Qu'est-ce qui vous donne envie de vous lever le matin ? Quels aliments vous font du bien, quels autres vous fatiguent ? Élaborez un mode d'emploi de vous-même par vous-même. Quelles activités *flow* permettent de calmer votre cerveau ? Repérez vos talents, vos forces, vos valeurs, faites-vous accompagner pour trouver votre *ikigaï* !

3. Lâcher le mental et revenir à l'émotion, au corps et à l'intuition

Amusez-vous avec le tarot. Vous ne savez pas lire les cartes ? Aucune importance. Tirez une carte au hasard, regardez-la attentivement et demandez-vous ce qu'elle vous inspire ? Quel(s) ressenti(s) corporel(s) induit-elle ? Quelle(s) émotion(s) provoque-t-elle ? Écrivez, écrivez, écrivez sans limites, sans vous contraindre, sans règles. Revenez au corps, à l'intuition que cette image provoque chez vous. C'est un exercice très riche et très puissant pour les neuroatypiques qui peuvent avoir de la difficulté à lâcher le mental.

4. La lettre

De vous à vous. Écrivez-vous des gentillesses. Promettez-vous de vous respecter et de vous faire respecter. De ne jamais plus vous rabaisser, de ne jamais plus vous laisser maltraiter. Promettez-vous d'être fier de vous et de vous le répéter aussi souvent que nécessaire. Promettez-vous d'oser sur le chemin qui vous convient. Se féliciter par écrit aide à reconnaître ses propres réussites et qualités. Cela renforce l'estime de soi et la confiance en soi en valorisant ses propres efforts et réalisations, ce qui est particulièrement important dans un monde où nous sommes souvent notre propre critique le plus sévère, et puis c'est à partir de cette estime et de cette confiance que vous accomplirez ce qui vous tient le plus à cœur !

5. Danser !

La danse est un exercice qui améliore l'endurance cardiovasculaire, la force musculaire, l'équilibre et la flexibilité. Elle sollicite divers groupes musculaires et améliore la coordination corporelle. C'est un moyen efficace de réduire le stress et l'anxiété. Elle stimule la libération d'endorphines, les hormones du bien-être, procurant ainsi une sensation de bonheur et de détente. Elle a un impact positif sur l'humeur. La danse permet d'améliorer l'image de soi et la confiance en soi. Elle permet de se connecter avec les autres !

Mettez de la musique et dansez !

Conclusion

J'ai beaucoup de gratitude pour les femmes, les situations, les subtilités que la vie a mises sur mon chemin. Je suis reconnaissante pour tous les matins que j'ai pu découvrir ici ou ailleurs, pour les odeurs, les bruits, les sensations. Je suis infiniment reconnaissante pour toutes les cultures qui m'ont permis, par effet miroir, d'aller questionner toujours plus loin mes peurs, mes limites et parfois mes exagérations. Pour tout ce que j'ai cru et qui était tellement différent, tellement faux. Pour les kilomètres parcourus à pied parce que ce mouvement permanent parmi des paysages peuplés de ce que la vie nous donne de plus beau et de pire à voir nous permet – ou tente de le faire – d'aller creuser encore plus loin au fond de nous. De casser des murailles, d'ébrécher des blessures presque prêtes à lâcher, mais pas tout à fait. Je suis reconnaissante pour ce chemin, pleine de gratitude pour cette vie, pour ces rencontres qui, sans même le savoir, en partageant avec douceur et cœur leur vie, m'ont permis de me questionner sur la mienne et de me poser les bonnes questions, de résoudre des problèmes qui, en définitive, n'en sont pas tant que ça. Je vis dans un pays en paix, j'ai de quoi manger, un toit sur la tête, c'est une chance et j'en ai bien conscience.

J'éprouve une extrême reconnaissance pour vous, femmes, hommes, parents, enfants, qui venez me voir et qui me faites confiance.

C'est grâce à vous aussi que j'en suis là, c'est grâce à vous que je peux rayonner.

Ce livre est pour vous. Me replonger dans mon passé, aller creuser les méandres d'hier, refaire dans l'autre sens ce bout de vie, c'est un moyen de tenter de vous aider. Que ce récit de mes réussites et de mes ratages puisse vous apporter l'envie de passer à l'action, d'oser, l'envie de créer votre propre vie à votre façon.

Vous montrer que tout est possible sans exception et sans compromis dans la mesure où on accepte que l'équilibre réside dans le confortable et ce qui l'est moins.

Que nous sommes notre propre limite et que nous pouvons, chaque seconde, changer ça.

Posez ce livre et passez à l'action.

Karaoké du livre

1. « Confidentiel » – Jean-Jacques Goldman
2. « Des bouts de moi » – Jean-Jacques Goldman
3. « On n'est pas sérieux quand on a 17 ans » – Léo Ferré (texte d'Arthur Rimbaud, « Roman »)
4. « Samedi soir sur la Terre » – Francis Cabrel
5. « Cent ans » – Renaud et Pierre-Jean Gidon
6. « La quête » – Jacques Brel (paroles originales : Joe Darion)
7. « En cloque » – Renaud
8. « Week-end » – Dave
9. « Pleurer des rivières » – Viktor Lazlo

Remerciements

J'éprouve une grande émotion et beaucoup de reconnaissance pour toutes les personnes qui m'ont permis de réaliser cet ouvrage.

Les éditions Guy Trédaniel, d'abord, qui m'ont accueilli avec beaucoup de bienveillance dans leur maison.

Merci Marie Pichon, mon éditrice, pour ta confiance. Ton écoute attentive, constante, ton dynamisme délicat m'ont permis d'écrire chaque mot dans un bonheur absolu.

Merci Caroline Frisou, mon agent, nos éclats de rire, tes coups de boost, ton intérêt pour ce projet, en ont fait une aventure merveilleuse et douce.

Merci Audrey, ma préfaceuse, ma *queen*.

Merci à vous tous mes parents, ma famille, mes amies, Vava, Isa, Charlotte, Sandra, Thierry, ma Gé, Maria, ma Mimi, chat chuffit, vous êtes mon inspiration, ma drogue dure, mon ancrage les jours de doute.

Merci Céline, c'est aussi grâce à toi que je peux écrire l'esprit libre.

Merci à toi… d'écouter mes blablas qui n'en finissent pas, mes idées qui partent dans tous les sens, mes envies qui changent chaque seconde. Merci d'être là, de me prendre dans tes bras quand rien d'autre ne me console, quand je n'y crois que peu… Merci de me permettre de réaliser mes rêves un à un et de me motiver chaque seconde… Merci de prouver que l'amour existe encore (comme dirait Céline).

Merci à vous, qui me lisez, me suivez, pour votre confiance et votre présence. Merci pour chacun de vos petits mots, chacun de vos retours, vous êtes une source de motivation fabuleuse.

À propos de l'auteure

Sur le site www.ludivine-casilli.com, vous trouverez :

- Un programme en ligne pour découvrir et apprivoiser votre hypersensibilité : https://casilli-ludivine.learnybox.com/made-in-emotion/.
- Les dates et les thèmes des prochains ateliers d'écriture introspective : https://ludivine-casilli.com/atelier-decriture-introspective/.
- La présentation des activités de Ludivine Casilli.
- Une newsletter gratuite, pensez à vous y abonner !

Retrouvez l'auteure sur :

@Ludivine Casilli

@ludivine_casilli

@Ludivine Casilli

Vous pouvez écouter son émission de radio :

- *L'atypique show* sur Nutriradio.

Conception graphique et mise en pages : Soft Office

Achevé d'imprimer en avril 2024
sur les presses de la Nouvelle Imprimerie Laballery
58500 Clamecy
Dépôt légal : avril 2024
Numéro d'impression : 404068

Imprimé en France

La Nouvelle Imprimerie Laballery est titulaire de la marque Imprim'Vert®